DEEP LEARNING

JOHN D. KELLEHER

ディープラーニング

ジョン・D・ケレハー＝著

柴田千尋＝監訳　久島聡子＝訳

JN022707

DEEP LEARNING (The MIT Press Essential Knowledge series)
by John D. Kelleher
Copyright © 2019 by The Massachusetts Institute of Technology

Japanese translation published by arrangement with The MIT Press
through The English Agency (Japan) Ltd.

DEEP LEARNING
JOHN D. KELLEHER

ディープラーニング

シリーズ序文

　マサチューセッツ工科大学出版局エッセンシャルナレッジシリーズは，今注目を集めている話題をわかりやすく簡潔にまとめ，美しく装丁して読者にお届けします。一流の思想家を著者に迎え，本シリーズでは文化・歴史から科学技術まで，多岐にわたる分野について，専門家による意見をまとめています。

　欲しい時にすぐに情報が手に入る今の時代，さまざまな意見やそれらの正当化，そして，表面的な解説を見聞きするのは簡単なことです。しかし，それよりはるかに難しいのは，世界を本質的に理解する際のよりどころとなる基礎知識の習得です。エッセンシャルナレッジの書籍は，このニーズにお応えします。専門的なテーマを一般の読者にも理解できるようにまとめ，基礎知識を通して重要な話題に関心をもたせます。コンパクトにまとまったシリーズ本を一冊一冊読み進めることで，読者は複雑な概念を理解する出発点に立つことができるでしょう。

マサチューセッツ工科大学
生物工学および情報科学教授
ブルース・ティダー

序　文

　ディープラーニングは現代の人々の生活のあらゆる面で革新と変化をもたらしています。マスメディアで見聞きする人工知能の大きな進歩の多くは，ディープラーニングを基礎としたものです。結果的に，組織の効率改善に関心がある実業家，ビッグデータの世界における倫理やプライバシーの問題に懸念を抱く政策立案者，複雑なデータを取り扱う研究者，人工知能の可能性やそれによって自分の生活にどうような変化がもたらされるのか理解を深めたいと考える好奇心旺盛な市民のいずれも，ディープラーニングについて理解しておくことは重要です。

　本書の狙いは，ディープラーニングとは何か，どこに由来し，どのように機能するのか，何がディープラーニングによって可能になり（そして何が不可能なのか），そして今後十年でこの分野が，どのように発展する可能性があるかということを，一般読者の皆様に理解していただくことです。ディープラーニングを理解する上では，ディープラーニングがアルゴリズムやモデルの組み合わせであり，これらを用いてどのようにデータが処理されるかを理解することが必要です。そのため，本書では単なる解説や定義づけにとどまらず，アルゴリズムについても説明し，技術的な内容も分かりやすく書くよう努めました。私

は教師としての経験から，専門的な主題を最も分かりやすく提示する方法は，順を追って基礎的な概念を丁寧に説明することであると学びました。数学的な内容は最小限に抑えるようにしましたが，必要なところでは，できるだけ明瞭に，まわりくどくならないよう数学的方程式について説明しています。また，説明は事例や図解で補足してあります。

　ディープラーニングの実に驚くべき点は，ディープラーニングに組み込まれた複雑な数学ではなく，むしろ非常に単純な計算を使用して，刺激的かつ印象に残るさまざまなタスクを一通り実行できることです。「(ディープラーニングが実行しているのは)たったこれだけ？」と驚かないでください。実際，ディープラーニングのモデルは，単に多数の(正直なところ，うんざりするほど多数の)かけ算とたし算に，少数の非線形マッピング(追々説明します)を追加したものにすぎません。しかし，この単純さにも関わらず，ディープラーニングのモデルは数ある他の成果に加えて，囲碁の世界選手権王者を破り，コンピュータービジョンや機械翻訳の最先端技術を切り開き，自動運転を実現しています。本書はディープラーニングに関する入門書ですが，十分に奥深い内容となっていますので，この分野での自信が深まったころに再読していただければ幸いです。

謝　辞

　本書は，最愛の妻アフラ，そして家族，とくに私の両親であるジョン・ケレハーとベティ・ケレハーの献身なくしては完成を見なかったでしょう。また友人たち，とくにアラン・マクダネル，イオネラ・ルング，サイモン・ドブニク，ロレーヌ・バーン，ノエル・フィッツパトリック，そしてヨゼフ・バン・ギネビスより多大な支援を受けました。

　また，マサチューセッツ工科大学出版局のスタッフの皆様および本書に目を通し，意見や感想を下さった方々のご協力にも感謝します。マサチューセッツ工科大学出版局には，本書の草稿に目を通し，注釈してくださった匿名の評論家の方々を取りまとめていただきました。貴重なお時間を割いてご意見をくださった評論家の皆様に感謝します。また，多くの方々に本書の草稿を読んでいただきました。この場をお借りしてその方々のご協力に謝意を表します。マイク・ディリンジャー，マグダレナ・カクメジャー，エリザベス・ケレハー，ジョン・バーナード・ケレハー，アフラ・カー，フィリップ・クルビチカおよびアブヒジット・マハルンカーに深くお礼申し上げます。本書は，同僚や学生とのディープラーニングに関する数えきれないほどの会話，とくにロバート・ロスとジャンカルロ・サルトンとの会話から知識を得ました。

私の妹のエリザベス・ケレハーに本書を捧げます。彼女の兄への愛情と支援，そして物事を説明せずにはいられない兄に対する辛抱強さをここに称えます。

第1章

ディープラーニング入門

　ディープラーニングは，人工知能の一分野であり，データにもとづいた正確な決定を行うことができるような，大規模なニューラルネットワークモデルを構築することに焦点が置かれています。データの内容が複雑で，さらに大規模なデータセットが入手可能な場合は，とくにディープラーニングの適用が最適です。今日，オンライン企業や高性能の消費者向け技術の大部分がディープラーニングを使っています。とくにフェイスブックはディープラーニングを活用してオンライン上の会話のテキスト分析を行っています。グーグル，バイドゥ（百度），マイクロソフトの3社は画像検索，さらに機械翻訳にもディープラーニングを採用しています。最新式のスマートフォンの中では，漏れなくディープラーニングシステムが動いています。たとえば，今やディープラーニングは音声認識の標準技術となっています。また，デジタルカメラの顔認識の標準技術でも

あります。医療の部門では，医用画像（X線，CTスキャンお
よびMRIスキャン）処理や健康状態の診断にディープラーニ
ングが活用されています。また，ディープラーニングは自動運
転車の中核技術でもあり，位置測定や地図作成，運行計画や操
縦，環境認知，さらには運転手の状態の監視にもディープラー
ニングが使われています。

　ディープラーニングの最も有名な事例は，ディープマインド
（DeepMind）社のアルファ碁（AlphaGo）[1]でしょう。囲碁
はチェスに似たボードゲームです。アルファ碁は世界で初めて
プロの棋士を破ったコンピューターゲームであり，2016年3
月に韓国トップのプロ棋士である李世乭（イ・セドル）に勝利
し，世界で2億人を超える人々がその対局を視聴しました。翌
2017年には当時世界ランキング1位の中国の柯潔（カ・ケツ）
を破っています。

　2016年のアルファ碁の勝利は，大変な驚きをもって迎えら
れました。一流の囲碁棋士に匹敵するレベルにコンピューター
が達するには，まだ何十年もかかるだろう，というのが当時の
大方の予測でした。また，チェスと比較して，囲碁の対局をコ
ンピューターにプログラミングするほうがかなり難しいことは
長い間知られていました。チェスよりも囲碁の盤面のサイズが
大きく，ルールが単純なため，囲碁の局面の組み合わせの数は
格段に多いのです。事実，囲碁ではこの世に存在する原子数を
上まわる局面が可能です。広範囲におよぶ検索空間と分枝因子

（一手ごとに可能な局面の数）によって，囲碁は人間にとってもコンピューターにとっても信じられないほど難易度の高いゲームとなります。

　コンピューターにとって，囲碁とチェスの難易度の違いがどれぐらいあるかは，囲碁とチェスのコンピュータープログラムと人間同士の対局を過去にさかのぼって比較してみるとわかります。1967年，MITの開発したマックハックⅥと呼ばれるチェスのコンピュータープログラムが人間と互角に対戦できることを証明し，初心者レベルをはるかに超えるイロレーティング[2]の評価を獲得しました。さらに1997年5月には，コンピュータープログラムのDeepBlueが当時のチェス世界チャンピオン，ガルリ・カスパロフに勝利しました。対して，囲碁プログラムでまともに動くものは1968年まで存在しませんでしたし，1997年の時点でも，実力のある棋士は最強の囲碁プログラムを簡単に打ち負かしていました。

　チェスと囲碁のコンピュータープログラム開発の時間のずれは，この二つのゲームのコンピューター上の難易度の差を反映しています。しかし，チェスと囲碁の歴史に関して，次のような比べ方をすると，囲碁コンピュータープログラムを人間の棋士に匹敵するレベルにまで引き上げた，ディープラーニングの革新的な影響の大きさが如実にわかります。チェスのプログラムが1967年の人間の凡人レベルから1997年の世界王者レベルに達するまで30年かかった一方，囲碁のプログラムは，

ディープラーニングの発展のおかげで，わずか7年で上級アマチュアレベルから世界チャンピオンのレベルにまで達しました。ディープラーニングが出現する前の2009年ごろまで，世界で最強とされる囲碁プログラムでさえ，上級アマチュアの下位程度という評価だったのです。このように，ディープラーニングの活用による性能の向上はまさに桁外れというほかありませんが，それと同時に，これは，ディープラーニングが数多くの分野に進歩をもたらしていることを示す象徴的な例でもあります。

　アルファ碁はディープラーニングを利用して局面を評価し，次の一手を決定します。アルファ碁がディープラーニングを使用して次の一手を決定するという事実は，ディープラーニングが非常に多くの領域や応用分野にわたって有益である理由を知る手がかりとなります。意思決定は，人生において極めて重要です。意思決定の一つの方法として，自分の「直感」，つまり「第六感」に従うというやり方がありますが，適切なデータにもとづく意思決定が最善の方法であることに異論を唱える人は少ないでしょう。ディープラーニングは，複雑な入力の集合を好ましい意思決定という結果に正確にマッピングするパターンを大規模なデータセットから特定し，抽出することで「データにもとづく意思決定」を実現します。

人工知能，機械学習，ディープラーニング

　ディープラーニングは，人工知能および機械学習の研究から

派生したものです。図1.1は人工知能，機械学習と，ディープラーニングの関係を示すものです。

　人工知能の分野は1956年夏，ダートマス大学のワークショップで誕生しました。ワークショップでは数々のテーマに関する研究成果が発表され，その中には数学的定理の証明，自然言語処理，ゲームの計画立案，標本データから学習できるコンピュータープログラムとニューラルネットワークがありました。現代の機械学習の分野は最後の二つのテーマ，コンピュータープログラムとニューラルネットワークを利用しています。

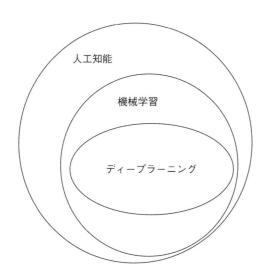

図 1.1　人工知能，機械学習，ディープラーニングの関係

　機械学習では，コンピューターが一つのデータセット（標本の集合）から関数を抽出（すなわち学習）できるようにするアルゴリズムの開発や評価を行います。機械学習が意味することを理解するには，データセット，アルゴリズム，関数という三つの用語を理解する必要があります。

　最もシンプルな形式のデータセットは，それぞれの行に一つの定義域の標本データの記述が含まれ，それぞれの列に一つの定義域の特性の一つの情報が含まれるテーブル（表）です。たとえば，表 1.1 はローン申し込み定義域の標本データセットを示します。このデータセットには四つのローン申し込み標本の詳細がリスト化されています。ここでは，参照を簡単にするための識別番号（ID）を除き，三つの特性を用いて各標本が説明されています。つまり，申込者の年収，現在の負債および支払い能力です。

　アルゴリズムとは，コンピューターが従うプロセス（または方法，またはプログラム）です。機械学習では，アルゴリズムはデータセットを分析し，データ内で繰り返されるパターンを特定するように，プロセスを定義します。たとえば，機械学習のアルゴリズムはある人物の年収と現在の負債を支払い能力に関連づけるパターンを見つけだすかもしれません。数学では，この種の関係性を関数と呼びます。

　関数とは，一式の入力値を一つまたはそれ以上の出力値に決定論的にマッピングする（対応づける）ことです。マッピングが決定論的であるというのは，入力の組み合わせが同じであれば，

表 1.1　ローン申込者と明らかになっている支払い能力評価

ID	年収	現在の負債	支払い能力
1	$150	− $100	100
2	$250	− $300	− 50
3	$450	− $250	400
4	$200	− $350	− 300

必ず同じ出力が返されることを意味します。たとえば，たし算は決定論的マッピングなので，2＋2は必ず4となります。後述するように，基礎的な算術よりさらに複雑な定義域の関数の作成が可能です。たとえば，ある人物の収入と負債を入力として選び，支払い能力評価を出力値として返す関数を定義できます。ディープラーニングにおいては，関数の概念は極めて重要なため，関数の定義をここでもう一度おさらいします。つまり，関数は入力と出力をマッピングしているにすぎません。実際，機械学習の目的はデータから関数を学習することです。関数はさまざまな方法で表現できます。算術演算（たとえばたし算またはひき算は両方とも複数の入力を選び，一つの出力を返す関数）や一連の「If-then-else」ルールのように簡潔に表現することも可能ですし，それよりも複雑な表現形式をとることもできます。

　関数を表現する一つの方法は，ニューラルネットワークを用いることです。ディープラーニングは，ディープニューラルネッ

ディープラーニングは，
複雑な入力の集合を
好ましい意思決定という結果に
正確に写像するパターンを
大規模なデータセットから特定し，
抽出することで
「データにもとづく意思決定」を
実現します。

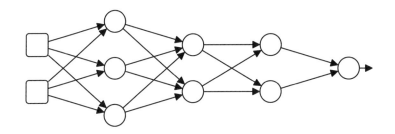

図 1.2　ニューラルネットワークの略図

トワークのモデルの構築に焦点を当てた，機械学習の一分野です。実際のところ，ディープラーニングアルゴリズムがデータセットから抽出するパターンは，ニューラルネットワークとして表現される関数です。図1.2はニューラルネットワークの構造を示します。図の左端の四角形は，ネットワークへの入力を取り入れるメモリ内の位置を示しています。図中の円はそれぞれニューロンと呼ばれ，各ニューロンが何らかの関数を表現しています。つまり，ニューロンは複数の値を入力として選び，一つの出力値にマッピングします。ネットワークの矢印は，ネットワーク内で情報がニューロンの出力値となり，また別のニューロンの入力値として流れていく様子を示しています。このネットワークでは，左から右に情報が流れています。たとえば，ある人物の支払い能力を，収入と負債を元として予測するネットワークを学習したとします。その場合，ネットワークは，左端で年収と負債を入力として受け取り，右端のニューロンか

関数とは，入力値の集合を，
一つまたは複数の出力値に
決定論的に写像する（対応づける）
ことです。

ら支払い能力スコアを出力します。

　ニューラルネットワークは分割統治法を用いて関数を学習します。つまり，ネットワークの各ニューロンが単純な関数を学習し，これらの単純な関数を組み合わせることで，ネットワークによって定義される全体的な（より複雑な）関数が生成されます。第3章では，ニューラルネットワークの情報処理方法について説明します。

機械学習とは？

　機械学習アルゴリズムは，可能性のある関数の中から，データセット内の特徴量の間の関係が説明できるような，最も適切な関数を選ぶために作られた，検索の手順であるといえます。データから関数を抽出する，すなわち学習する，ということがどのようなことなのか，直感的に理解するために，下記のような，未知の関数に対する標本（サンプル）入力一式と，その関数が返す出力について見てみましょう。そして，この標本データをもとに，未知の関数がどの算術演算（たし算，ひき算，かけ算またはわり算）と考えるのが最良の選択であるかを考えてみましょう。

関数（入力）＝出力
関数（5,5）＝25
関数（2,6）＝12
関数（4,4）＝16

関数 (2,2) = 04

　ほとんどの人が, 観察された入力と出力の関係, すなわちマッピングに最も適切な結果が得られるという理由から, かけ算が最良の選択肢であると考えると思います。

$5 \times 5 = 25$
$2 \times 6 = 12$
$4 \times 7 = 28$
$2 \times 2 = 04$

　とくにこの例では, 最も適切な関数の選択は比較的単純明快であり, コンピューターの力を借りなくても人間が十分に対応できます。しかし, 未知の関数への入力数が増加し (おそらく何百または何千という入力件数), 考慮すべき関数の種類が増加するにつれて, タスクは格段に面倒で複雑になります。このような時こそ, データセットのパターンに一致する最も適切な関数を見つけるために機械学習の力が必要となるのです。

　機械学習には二段階のプロセスがあります。学習と推論です。学習中, 機械学習アルゴリズムはデータセットを処理し, データ内のパターンに最も適した関数を選び出します。抽出された関数は特定の形式 (「If-then-else」ルールまたは特定の等式のパラメーターなど) でコンピュータープログラムにエンコードされます。エンコードされた関数はモデルと呼ばれ, 関数を抽

出するためにデータを分析することは，しばしばモデルの学習と呼ばれます。基本的に，モデルはコンピュータープログラムとしてエンコードされた関数です。しかし，機械学習では関数とモデルの概念はかなり密接に関係しているため，その違いが見落とされることが多く，時にはこの二つの用語を区別せずに使う場合さえあります。

　ディープラーニングにおける関数とモデルの関係は，次のようになります。まず，学習によりデータセットから抽出された関数は，ニューラルネットワークのモデルとして表現されます。また，反対に，ニューラルネットワークのモデルは，関数をコンピュータープログラムとしてエンコードしたものである，ともいえます。ニューラルネットワークにおける学習の標準的な処理は，ネットワークのパラメーターを無作為な値に初期化したニューラルネットワークの学習から始まります（ネットワークのパラメーターについては追って説明します。さしあたりパラメーターとは，ネットワークがエンコードする関数がどのように機能するかを制御する値と考えてください）。この無作為の初期値が設定されたネットワークは，データセットの標本のさまざまな入力値と目標とする出力の関係を照合する能力という面から見れば，精度はかなり低くなっています。そこでデータセット中の標本を通じて反復処理を繰り返すことで学習プロセスが進みます。具体的には，各標本をネットワークに入力し，そのあと，ネットワークが返す出力値とデータセット中に存在

する正しい出力値とを比較して差分を計算し，それらがより近くなるよう，ネットワークのパラメーターを更新します。機械学習アルゴリズムが，解決しようとしている問題に対して十分に精度の高い（データセット内にある正しい出力値に対し，よりマッチする出力値を生成する，という意味で）関数を見つけると，学習プロセスは完了し，アルゴリズムによって最終的なモデルが返されます。これをもって，機械学習の学習は止まります。

　学習が完了すると，モデルが確定します。機械学習の第二段階は推論です。この時，新しい標本にモデルが適用されます。正しい出力値が未知であるため，モデルを使用してその出力値を推定して生成する必要があります。機械学習を使う仕事の大部分では，どのように学習すれば，精度の高いモデルを生成することができるか，ということに集中します（たとえば，データから精度の高い関数を抽出するなど）。典型的なデータサイエンティストが使うスキルや手法と，学習後の機械学習モデルの製品化のためのスキルや手法とは異なります。後者では，モデルを用いた推論を大規模なデータに対して行う必要があります。人工知能システムの大規模なデプロイ（運用）には，独特のスキルが求められるという認識が業界でも広がりつつあり，これは開発チームと運用チーム（開発されたシステムの本番稼働環境へのデプロイやそのようなシステムの安定性と拡張可能性の保証に責任を負うチーム）のコラボレーションの必要性について説明する用語であるDevOps（デブオプス）として知ら

れる分野への関心の高まりにも反映されています。機械学習運用の関連したMLOps（エムエルオプス）という用語や，人工知能運用のAIOps（エーアイオプス）という用語も，学習したモデルをデプロイする際の課題を説明する際に用いられます。モデルのデプロイに関することは本書の範囲を超えているので，本書では，ディープラーニングとは何か，どのような用途があるのか，どのように発展してきたのか，そしてどのようにすれば精度の高いディープラーニングモデルを学習できるかということに焦点を当てます。

　ここまで見てきたところで，当然の疑問として浮かぶのが，なぜデータから関数を抽出することが役立つかということです。その理由は，データセットから抽出された関数は未知のデータに適用でき，新しい入力に対し関数が返す値が，新たな問題についての適切な意思決定につながる洞察をもたらす可能性があるからです（すなわち，推論に利用できます）。ここで思い出していただきたいのですが，関数とは，単に入力から出力への決定論的な写像にすぎません。しかし，この単純明快な定義ゆえに，関数の集合という概念の範囲内において，多様な事柄が表現できるという事実が分かりにくくなってしまいます。次の例を考えてみましょう。

・スパムフィルターは，電子メールを入力とし，電子メールをスパムメール（またはスパムメールではない）として分類す

る値を返す関数です。

・顔認証は，画像を入力とし，画像の顔を識別する画像のピクセル (画素) のラベルを返す関数です。

・遺伝子予測は，ゲノム DNA 配列を入力とし，遺伝子をエンコードする DNA の領域を返す関数です。

・音声認識は，音声信号を入力とし，話した言葉の音声表記を返す関数です。

・機械翻訳は，ある言語の文を入力とし，その文の別の言語の訳文を返す関数です。

非常に多くの領域にわたる非常に多くの問題に対する解を，関数として表現できるという理由から，近年，機械学習の重要性が高まっています。

なぜ機械学習は難しいのか？

たとえコンピューターの助けを借りたとしても，機械学習のタスクを困難にする要因がいくつか存在します。第一に，多くのデータセットにはノイズ[3]が含まれるため，データに完全に一致する関数を検索するということは，ノイズを学習することにつながってしまい，したがって必ずしも最善のやり方とはい

えません。第二の要因は，モデルとして表現可能な関数の数が，データセットの標本の数より多くなってしまう，という事態が頻繁におこり得ることです。これは，機械学習が不良設定問題であることを意味します。つまり，最適な解を一つに絞って出すのには，与えられる情報が不十分であるという意味です。かわりに，データに一致する可能性のある複数の解が導き出されます。ある未知の関数に対する入出力のデータセットに，最も適合する算術演算（たし算，ひき算，かけ算またはわり算）を選択する問題を使って，不良設定問題の概念を説明しましょう。以下は，この関数選択の問題を例としてマッピングしたものです。

関数（入力）＝出力
関数（1,1）＝1
関数（2,1）＝2
関数（3,1）＝3

　上記の例によると，未知の関数には，たし算やひき算ではなく，かけ算とわり算を適用したほうがいいといえます。しかし，データ標本を用いて未知の関数が実際にかけ算またはわり算であるかを判断するのは不可能です。なぜなら，どちらの演算も提示されたすべての例との整合性があるためです。従って，これは不良設定問題です。つまり，提示された情報だけでは，一つの最適な解を選択することは不可能だということです。

　不良設定問題をとく一つの方法は，新しい例がまだ未確定の最適な関数と残りの選択肢を区別する手助けとなることを期待して，データ（例）の収集量を増やすことです。しかし，追加のデータが入手できなかったり，回収に高額な費用がかかるという理由から，多くのケースでこの方法は現実的とはいえません。かわりに，機械学習アルゴリズムは，最適な関数の特徴に関する一連の仮説を用いてデータが提供する情報を補足することによって，機械学習タスクの不良設定問題を克服します。アルゴリズムは，その仮説を考慮して，最適な関数（すなわちモデル）を選ぶ処理を実行します。論理学では特定の例から原則を推論する過程は帰納的推論として知られるため，この仮説はアルゴリズムの帰納的バイアスとして知られます。たとえば，あなたが今までに目にした白鳥が一羽残らず白かったとしたら，あなたはこれらの事例から「すべての白鳥は白い」という原則を推論するかもしれません。この帰納的推論の概念は機械学習に通じるものです。機械学習アルゴリズムは特定の例（データセット）からある原則（関数）を推論（すなわち抽出）します。従って，機械学習アルゴリズムにバイアスがあると仮定することは，事実上，帰納的推論のプロセスにバイアスがあるということであり，それがこのバイアスがアルゴリズムの帰納的バイアスとして知られる所以です。

　つまり，機械学習アルゴリズムは二つの情報源を用いて最適な関数を選び出しているということになります。一つはもちろ

んデータセットですが，もう一つは帰納的バイアスであり，そ
れは，データセットのパターンを問わず他の関数よりもある関
数を優先するというバイアスをアルゴリズムにもたせるとい
う，仮説を意味します。機械学習アルゴリズムの帰納的バイアス
は，アルゴリズムにデータセットについての視点を加えるものと
して理解することができます。ところが，現実世界と同じように，
どんな状況にも有効な唯一にして最善の視点が存在しないよう
に，あらゆるデータセットに対して万能な唯一にして最善の帰納
的バイアスも存在しません。だからこそ非常に数多くの異なる機
械学習アルゴリズムが存在します。つまり，各アルゴリズムが
それぞれ異なる帰納的バイアスをエンコードします。機械学習
アルゴリズムの設計にエンコードされる複数の仮説には，仮説
の強さの面でばらつきがある可能性があります。仮説の強さが
増すにしたがって，アルゴリズムに与えられるデータセットの
パターンに適合する関数の選択肢の幅が狭まります。ある意味，
データセットと帰納的バイアスはお互いバランスをとっていま
す。強い帰納的バイアスを持つ機械学習アルゴリズムは，関数
を選択する際にデータセットにほとんど注意を払いません。た
とえば，機械学習アルゴリズムが，どれほどデータが複雑でも
非常に単純な関数を好むようにプログラムされている場合，そ
のアルゴリズムは非常に強い帰納的バイアスを持ちます。

　第2章では，直線の方程式をテンプレートとして使って関数
を定義する方法を説明します。直線の方程式は非常に単純な

数学的関数です。あるデータセットに一致する関数のテンプ
レートとして直線の方程式を用いる機械学習アルゴリズムは，
機械学習アルゴリズムが生成するモデルが入力から出力への単
純な線形写像をエンコードするはずであるという仮説を持って
いることになります。この仮説は帰納的バイアスの一種です。
データのパターンがどれだけ複雑 (つまり非線形) であっても，
アルゴリズムは線形モデルに一致するように制限される (つま
り偏る) ため，事実上，強い帰納的バイアスとなります。

　誤ったバイアスが設定された機械学習アルゴリズムを選択す
ると，次の二つのうちどちらかの間違いをおこすことになりま
す。一つ目は，機械学習アルゴリズムの帰納的バイアスが強す
ぎる場合で，アルゴリズムはデータ中の重要な情報を無視する
ため，返される関数は，データが持つ本当のパターンの微妙な
差異を捉えたものとなりません。言い換えれば，返される関数
は，定義域に対し単純すぎるため[4]，関数が生成する出力の精
度が低下します。この結果はデータにアンダーフィットする関
数として知られます。二つ目は，バイアスが弱すぎる (寛容す
ぎる) 場合で，データに最適に適合する関数を見つけだす際に
アルゴリズムにあまりにも多くの自由が与えられます。この場
合，返される関数が定義域に対し複雑になりすぎる可能性が高
くなり，さらに問題となるのが，学習中にアルゴリズムに供給
されたデータ標本のノイズに適合する可能性が高くなることで
す。学習データのノイズに適合すると，新しいデータ (学習標

本に存在しないデータ)を汎化する関数の能力が低下します。このような結果はデータへのオーバーフィットとして知られます。所定の定義域に対しデータと帰納的バイアスの適切なバランスを保つ機械学習アルゴリズムを見つけ出せば，データにアンダーフィットもオーバーフィットもしない関数を学習でき，したがって，その定義域での汎化に成功します(つまり，正確に推論する，または学習データには存在しなかった新しいデータを処理できます)。

　しかし，機械学習の適用が理にかなっている複雑な定義域の場合，どのような仮説を立てればデータから適切なモデルを選定するようなバイアスが得られるかを事前に知ることはできません。従って，データサイエンティストは直感に頼り(情報にもとづいて推測し)，所定の定義域で使うべき最適な機械学習アルゴリズムを見つけだすために試行錯誤を繰り返す必要があります。

　ニューラルネットワークの帰納的バイアスは比較的弱いため，一般的に，ディープラーニングにおける懸念事項となるのは，ニューラルネットワークモデルがデータにアンダーフィットするより，どちらかといえばオーバーフィットしてしまうことです。これは，ニューラルネットワークが，非常に膨大なデータセットが存在する環境で最適に機能するように，データにより多くの注意を払って作られているためです。データセットが大規模になるにつれ，データから提供される情報も増加するため，よりデータに注意を払うことが賢明です。確かに，この十年間

でディープラーニングの台頭を牽引してきた最も重要な要因の一つはビッグデータの出現です。オンラインのソーシャル・プラットフォームを通じて入手できるようになった膨大なデータセットとセンサーの増加により，ニューラルネットワークモデルの学習に必要なデータが供給され，多岐にわたる領域の新たな用途を後押ししてきました。ディープラーニングの情報収集で使用されるビッグデータの規模がどれほどのものかを理解する助けとなる一例を挙げると，フェイスブックの顔認証ソフトウェア DeepFace の学習には，4,000 人以上の人々の身元と関連づけられる，400 万の顔画像のデータセットが使われました（出典：タイグマン，その他　2014 年）。

機械学習の主な構成要素

先ほど説明した，データセット内の入出力の関係を最も的確に説明する算術演算を選択する例の問題を使って，以下の機械学習の三つの主な構成要素を解説していきます。

1. データ（標本の集合）
2. データに最も適した関数を見つけだすためにアルゴリズムが検索する関数の集合
3. それぞれの候補の関数がどの程度データに一致するかを評価するために使用できる何らかの適合関数

　機械学習プロジェクトを成功に導くには，これらの三つの構成要素のすべてが適切なものでなければなりません。これらの構成要素を一つずつくわしく解説していきます。

　データセットの概念についてはすでに，各行に一つの標本の情報が含まれ，各列に定義域の特徴の一つに対する情報が含まれる2次元表（つまり$n \times m$行列）[5]として解説しました。たとえば，表1.2（p.36）は，この章のはじめに登場した未知の算術関数に関する問題のサンプル入力と出力を，どのようにデータセットとして表現できるかを示したものです。このデータセットには四つの標本（インスタンスとしても知られます）が含まれ，それぞれの標本は二つの入力特徴と一つの出力（つまりターゲット）特徴を用いて表現されます。標本を表現する特徴の設計と選択は，あらゆる機械学習プロジェクトにおいて非常に重要な手順です。

　コンピュータサイエンス，そして機械学習ではよくあることですが，特徴の選択にはある程度の妥協が必要です。データセットに最小限の特徴のみを含めることを選択した場合，非常に有益な特徴がデータから除外される可能性が高くなり，機械学習アルゴリズムが返す関数はあまり効果的ではないことが予想されます。反対に，できるだけ限り多くの特徴を定義域に含めることを選択した場合，不適切または重複する特徴が含まれる可能性が高くなり，これもまたあまり効果的ではない関数になる恐れがあります。この原因の一つは，含まれる不適切または重複する特徴が増えるほど，機械学習アルゴリズムがこのような

特徴の擬似相関にもとづくパターンを抽出する可能性が高まることです。このような場合,データ中の本物のパターンと,データセットに含まれる特定の標本に起因してデータに現れる擬似パターンの狭間で,アルゴリズムが混乱することになります。

　データセットに含めるべき正しい特徴を見いだすには,その分野にくわしい専門家が関与した上で,それぞれの特徴の分布の統計的分析や対になる特徴の相関性を利用し,モデル構築を試行錯誤したり,特定の特徴を取捨選択することで,モデルの性能を検証する必要があります。このデータセット設計のプロセスは手間のかかるタスクであり,しばしば機械学習プロジェクトに費やされる時間や労力のかなりの部分を占めます。しかし,プロジェクトを成功に導くには極めて重要なタスクです。実際に,与えられたタスクにおいて,どの特徴が有益かを見極めることが,機械学習プロジェクトの真価が生じるところとなることも少なくありません。

表 1.2　簡単な表形式のデータセット

入力 1	入力 2	ターゲット
5	5	25
2	6	12
4	4	16
2	2	04

　機械学習プロジェクトの二つ目の重要な構成要素は，アルゴリズムがデータ中のパターンを表現しているとみなす可能性のある候補関数です。先ほど説明した未知の算術関数のシナリオでは，検討対象となる関数は明らかに，たし算，ひき算，かけ算，わり算の四つに限られます。より一般的には，これらの関数は機械学習アルゴリズムの帰納的バイアスおよび使用されている関数表現（すなわちモデル）を通じて暗黙的に定義されます。たとえば，ニューラルネットワークモデルは極めて柔軟な関数表現です。

　機械学習で重要な三つ目の構成要素は適合の尺度です。適合の尺度は，機械学習アルゴリズムが候補の関数をデータに適用して出力を生成し，その値をデータにもともとある正解の出力値と何らかの方法で比較する関数で表されます。比較結果は，データに関連する候補の関数の適合性を説明する値となります。未知の算術関数のシナリオにおいて良いと思われる適合関数は，候補の関数が，いくつの例でデータに指定された目標値に完全に一致するかを数えて，その数を返すものです。表1.2に対する適合関数を計算すると，得点はかけ算が4点中4点，たし算が4点中1点，わり算とひき算が4点中0点となります。機械学習に使用できるさまざまな適合関数が存在し，機械学習プロジェクトを成功に導くには，適切な適合関数の選択が極めて重要です。新しい適合関数の設計は，機械学習においても奥深い領域です。データセットの表現方法，そして候補の関数と適合関数の定義方法の違いによって，教師あり学習，教師なし学習，強化

学習という三つの異なる機械学習の手法が派生します。

教師あり学習，教師なし学習，強化学習

　教師あり機械学習は，最も一般的な機械学習です。教師あり機械学習では，データセット内のそれぞれの例には期待される出力（すなわちターゲット）値がラベルづけされます。たとえば，表 1.1（p.19）のデータセットを使って，年収と負債の入力から支払い能力への関数を学習する場合，データセット中の支払い能力を表す特徴量がターゲット特徴量になります。教師あり機械学習を使うには，データセットのすべてのサンプルに対するターゲット特徴量がデータセット内でリストされていなければなりません。しばしば，このターゲット特徴量の収集は非常に難しく，費用もかかります。専門家を雇ってデータセットのそれぞれのサンプルに適切なターゲット値をラベルづけしてもらわなければならない場合もあります。しかし，このようなデータセットのターゲット値を持つ利点は，機械学習アルゴリズムがこの値を使って学習を行うことができることです。アルゴリズムは関数が生成する出力とデータセットに指定されたターゲット出力を比較し，差異（すなわち誤差）を利用して候補の関数の適合度を計算し，計算した適合度をよりどころにして最適な関数を探していきます。データセット中のターゲットラベルからアルゴリズムへのフィードバックが存在するので，この種の機械学習は「教師あり」と呼ばれます。前述の未知の算術

関数を推論する例は，このタイプの機械学習に属します。

　一般に，教師なし機械学習はデータのクラスタリングに使われます。たとえば，この種のデータ分析は，顧客セグメンテーションに有益です。顧客セグメンテーションでは，企業の望みは，自社の顧客層を一貫した基準にもとづきグループ分けし，各グループに的を絞ってマーケティングキャンペーンや製品設計を行うことにあります。教師なし機械学習では，データセットにターゲット値が存在しません。したがって，アルゴリズムはデータヤットのターゲット値に対する候補の関数の適合度を直接評価できません。かわりに，機械学習アルゴリズムは類似したサンプルを同一のクラスタに写像する関数を得ようと試みます。その関数は，学習時に，あるクラスタのあるサンプルが，他のクラスタ内の別のサンプルよりも，同じクラスター内の別のサンプルにより近くなるように調整されます。この場合，クラスターの特徴はあらかじめ指定されているわけではなく，最初の段階では非常に曖昧です。たとえば，データサイエンティストは，クラスターの相対的な規模，または，各クラスターに属する例の特徴に関して明確な情報を提供することなく，ドメインに関するある程度の直感にもとづき，目標とするクラスターの数だけをアルゴリズムで指定することがあります。教師なし機械学習アルゴリズムは，サンプルの最初のクラスタリングを推測し，クラスターの調整を繰り返すことで（一つのクラスターからインスタンスを削除し，別のクラスターにインスタ

ンスを追加することで），クラスターの集合の適合性を高める
ことからスタートすることが多いです。一般に，教師なし機械
学習で使われる適合関数は，それぞれのクラスター内で高い類
似性を実現し，クラスター間の多様性を豊かにする関数に高い
適合度を割り当てます。

　強化学習は，ロボット制御やゲームのプレイといったオンラ
イン制御タスクに最適です。このシナリオでは，エージェント
は報酬を得るために，所定の条件下でどのように行動すべきか
という戦略を学習する必要があります。強化学習におけるエー
ジェントの目標は，たとえば，「ロボットは前進，それとも後
退すべきか」,「コンピュータープログラムはポーンを動かす
べきか，それともクイーンを奪うべきか」など，環境に対する
現在の観測値，および，その状態（メモリ）から，とるべき行
動への写像を学習することです。この方策（関数）の出力が，
その時の状況でエージェントがとるべき次の行動となります。
この種のシナリオでは，過去のデータセットの作成が難しい
ため，しばしば強化学習は「その場で」実行されます。つまり，
エージェントは異なる戦略を用いて実験する環境に放たれ
（無作為に方策戦略を試すことからはじめ），その状況から得
られる報酬に応じて方策の修正を繰り返します。もしある行動
によって正の報酬が得られる場合，関連する観測と状態から行
動への写像が方策の中で強化され，反対に，ある行動から負の
報酬しか得られない場合，関連する観測と状態から行動への写

像は弱まります。教師あり機械学習や教師なし機械学習と異なり，強化学習では，その場で学習が行われます。これは，学習と推論が交互に継続して実行されることを意味します。エージェントは次にとるべき行動を推論し，状況からのフィードバックを利用してどのように戦略を修正すべきか学習していきます。強化学習ならではの特徴は，学習済みの関数のターゲット出力（エージェントの行動）が報酬メカニズムから分離される点です。報酬は複数の行動に依存して得られる場合があり，正，負，どちらの報酬に対しても，ある行動が実行されたすぐあとに報酬がフィードバックとして得られない可能性があります。たとえば，あるチェスのシナリオでは，エージェントがゲームに勝った場合は＋1の報酬，負けた場合は－1の報酬が与えられるとしましょう。しかし，ゲームの最後の一手を打ち終えるまで，この報酬についてのフィードバックは得られません。つまり，強化学習の課題の一つは，戦略が適切に修正されるよう，一連の行動をさかのぼって適切に報酬を分配できる学習メカニズムを設計することです。グーグルのDeepMind技術は，ディープラーニングモデルを学習してアタリの七つのコンピューターゲームの制御戦略を学習させるためにいかに強化学習を活用できるかを証明し，世間から大きな注目を集めました（出典：ミンヒ，その他　2013年）。システムへの入力は画面からの未加工の画素値であり，コントロール用の方策によって，ゲームをプレイしている間のそれぞれの時点におけるエージェ

ントのジョイスティックの操作が決定されます。コンピューターゲームの環境はとくに強化学習に最適です。なぜなら，エージェントはそれぞれの状況に応じた適切なジョイスティックの操作のサンプルから成る大規模なデータセットを作成したりラベルづけする必要なく，成功する戦略を学習するまでコンピューターゲームのシステムを相手に何千回でもゲームをプレイすることができるためです。DeepMindシステムのゲームの腕は上達し，七つのゲームのうち六つのゲームでそれまでのすべてのコンピューターシステムを打ち負かし，三つのゲームで人間のゲームの達人を打ち負かしました。

　ディープラーニングは，教師あり，教師なし，強化という三つの機械学習のシナリオすべてに適用できます。しかし，教師あり機械学習が最も一般的なタイプの機械学習です。従って，本書の大部分は教師あり学習を用いたディープラーニングに重点が置かれていますが，教師あり学習を用いたディープラーニングに関する懸念や原理の大半は，教師なし学習と強化学習にも当てはまります。

ディープラーニングが成功している理由

　すべてのデータドリブンなプロセスにおいて，成功を決定づける主な要因は測定対象と測定方法を知ることです。これが機械学習にとって特徴選択と特徴設計のプロセスが極めて重要である理由です。前述の通り，このようなタスクには専門知識，

データの統計分析，そして，複数の特徴の集合を用いてモデルを構築するという実験の反復が必要になる場合があります。その結果として，プロジェクトのかなりの時間とリソースがデータセット設計と準備に費やされ，場合によってはプロジェクトの全予算の8割にまで達することもあります（出典：ケレハーおよびティアニー　2018年）。特徴設計は，従来の機械学習と比べてもディープラーニングの利点を大いに活かせるタスクの一つです。従来の機械学習では，人間が特徴設計に多くの労力を注いでいました。ディープラーニングは特徴設計にこれとは異なるアプローチをとり，タスクに最も有益な特徴を未加工データから自動的に学習しようと試みます。

　特徴量の設計の一例を挙げると，ボディマス指数（BMI）は体重（キログラム）を身長（メートルの二乗）で割った比です。医療現場では，人の体重を低体重，普通体重，過体重，肥満に分類するためにBMIが用いられます。この方法を利用して分類することは，ある人物が糖尿病などの体重と関係のある疾患を発症する確率の予測に役立つ場合があります。BMIがこの分類に使われる理由は，医師がこのような体重と関係のある疾患に関連づけて患者を分類できるためです。通常，人間の身長が高くなるほど，体重は重くなります。しかし，多くの体重関連の疾患（糖尿病など）はその人の身長ではなく，むしろ同じくらいの体格の他の人と比較してどのくらい体重が重いかということに影響を受けます。BMIは体重に対する身長の影響

すべてのデータドリブンな
プロセスにおいて，
成功を決定づける主な要因は
測定対象と測定方法を知ることです。

を考慮するという理由から，ある人の体重を医学的に分類するのに役立つ特徴量です。BMIは未加工の特徴から導かれた（つまり計算された）特徴量の一例です。この場合，未加工の特徴量とは体重と身長のことです。また，BMIは未加工の特徴量そのものよりも，そこから派生した特徴量のほうが意思決定の上でいかに重要であるかを証明する一例でもあります。BMIは人の手により作られた特徴量であり，18世紀にアドルフ・ケトレーによって考案されました。

　すでに述べたように，機械学習プロジェクトでは，プロジェクトが解決を試みているタスクに有用な（取り出す）特徴の特定あるいは設計に多大な時間と労力が費やされます。ディープラーニングの利点は，データから有用な特徴を自動的に学習できることです（その方法についてはあとの章で論じます）。確かに，十分な量のデータセットがあれば，ディープラーニングは特徴の学習にかなり効果的であることが証明されており，今やディープラーニングモデルは手動で設計された特徴を使うその他の多くの機械学習モデルよりはるかに高い精度を誇ります。これが，数え切れないほど多くの特徴で標本が表現されるドメインにおいて，ディープラーニングが非常に効果的な理由でもあります。厳密にいえば，多数の特徴が含まれるデータセットは高次元と呼ばれます。たとえば，一枚の写真の各画素に一つの特徴が含まれる写真のデータセットは高次元になります。複雑かつ高次元の定義域では，特徴を手動で設計す

るのは極めて困難です。たとえば，顔認証や機械翻訳の特徴を手動設計する難儀さを想像してみてください。つまり，このような複雑な定義域では，大規模なデータセットから特徴が自動的に学習される戦略を採用することは理にかなっています。有用な特徴を自動的に学習するこの能力に関連して，ディープラーニングには入出力間の複雑な非線形写像を学習する能力も備わっています。第3章で非線形写像の概念について説明し，第6章ではこのような写像がデータからどのように学習されるかを解説します。

要約および本書の今後の展開

　この章では，機械学習という範囲の広い分野におけるディープラーニングの位置づけに注目してきました。そのため，大部分を機械学習の紹介に費やしました。具体的には，入出力間の決定論的な写像としての関数の概念を紹介し，機械学習の目標は，データセットに対して，入出力間の写像として適切な関数を見つけだすことであると述べました。

　この機械学習の文脈では，ディープラーニングをアルゴリズムの学習の設計と評価，最新のニューラルネットワークを使ったモデルアーキテクチャに焦点を当てた機械学習の一分野として紹介しました。機械学習という枠組から見てディープラーニングが優れている点は，特徴設計へのアプローチです。多くの機械学習プロジェクトにおいて，特徴設計は人手のかかるタス

クであり，その分野に関する深い知識が必要とされ，多大な時間と多額のプロジェクト予算が費やされます。一方，ディープラーニングモデルは，低次元の未加工データから有益な特徴や入力から出力への複雑な非線形写像を学習する能力を備えています。この能力は大規模データセットが入手可能かどうかに左右されますが，入手できる場合は，ディープラーニングはしばしば他の機械学習を凌駕します。さらに言えば，この大規模データセットから有益な特徴を学習する能力があるからこそ，ディープラーニングは機械翻訳，音声処理，画像処理，動画処理などの分野で複雑な定義域を対象とする極めて精度の高いモデルを生成できるのです。ある意味，ディープラーニングはビッグデータの可能性の扉を開きました。この発展の最も顕著な影響は，ディープラーニングモデルと消費者向け電子機器の統合に見ることができます。しかし，膨大なデータセットの分析にディープラーニングが活用できるという事実は，私たち一人ひとりのプライバシーや市民としての自由にも影響を与えます（出典：ケレハーおよびティアニー　2018年）。だからこそ，ディープラーニングとは何か，どのように機能するのか，そしてディープラーニングを活用できることとできないことを理解することが非常に重要です。本書の今後の展開は，以下の通りです。

・第2章では，モデルとは何か，データを使ったモデルのパ

ラメーター設定方法，そして，単純なモデルを組み合わせることによる複雑なモデルの作成方法など，ディープラーニングの基本的な概念をいくつか紹介します。

・第3章では，ニューラルネットワークとは何か，どのように機能するか，そしてディープニューラルネットワークが何を意味するかを説明します。

・第4章では，ディープラーニングの歴史を紹介します。この歴史では機械学習分野の発展に貢献した概念や技術上の大きな躍進にとくに焦点を当てます。具体的には，近年ディープラーニングがここまで急速に発展した背景と理由について説明します。

・第5章では，現在最も普及している二つのディープニューラルネットワークのアーキテクチャである畳み込みニューラルネットワークと再帰型ニューラルネットワークを紹介し，この分野の最新の動向を解説します。畳み込みニューラルネットワークは画像や動画データの処理に最適です。また，再帰型ニューラルネットワークは音声，テキストまたは時系列データといった順序データの処理に最適です。この二つのアーキテクチャの違いと共通点を理解することで，ある特定の種類のデータの特徴に合わせてディープニューラルネット

ワークをどのようにカスタマイズすればいいかが分かり，構築可能なネットワークアーキテクチャの設計を適切に評価できるようになります。

・第6章では，ディープニューラルネットワークモデルの学習方法を，最急降下法とバックプロパゲーション（誤差逆伝播法）アルゴリズムを用いて解説します。この二つのアルゴリズムを理解することで，人工知能の現状を本当の意味で理解できるようになります。たとえば，現状，十分なデータさえ入手できれば，定義が明瞭なドメインの範囲内では，与えられたタスクを人間の能力を超えたレベルで実行できるよう，コンピューターを学習させることができる理由や，より一般的な形態での知能が依然として人工知能の分野における研究課題である理由を理解するのに役立ちます。

・第7章では，ディープラーニングの未来に目を向けます。現在ディープラーニングの発展を後押ししている主な動向と，そのような動きが今後のこの分野の発展にどのように貢献する可能性があるかについて考察します。さらに，この分野が直面している課題のいくつか，とくにディープニューラルネットワークの仕組みをどのように理解，解釈するかという課題について論じます。

第2章

基本的概念

　本章では，ディープラーニング（深層学習）の基礎を成す基本的概念をいくつか紹介します。基本的に，本章ではそのような概念をあとの章で紹介するディープラーニングに用いられる専門用語から切り離して説明します。

　深層学習ネットワークは，脳の構造に（総じて）着想を得た数理モデルです。そのため，ディープラーニングを理解するには，次のようなことが感覚的にわかる必要があります。数理モデルとは何か，どのようにモデルのパラメーターを設定するか，どのようにモデルを統合（または構築）するか，さらに，モデルによる情報の処理方法を理解するためにどのように幾何学を用いるか，です。

数理モデルとは何か？

　最も単純な形式の数理モデルは，一つ以上の入力変数が一つ

の出力変数とどのように関係するかを説明する等式です。この形式において数理モデルは関数と同じです。つまり，入力から出力への写像になります。

　モデルに関する議論をする際は，ジョージ・ボックスの「すべてのモデルは間違っているが，中には役に立つものもある」という格言を常に覚えておきましょう。有益なモデルであるためには，現実世界との関連性がなければなりません。変数に関連づけることができる場合には，明らかにこの関連性が存在します。たとえば，7万8,000という数字だけでは，現実世界の概念との関連が見いだせないため，何の意味もありません。しかし，年収＝7万8,000ドルという表現は，数字が現実世界の一つの側面をどのように説明できるかを，私たちに気づかせてくれます。モデルの変数が意味を持つと，世界の複数の側面がどのように相互に作用し，新しい事象を引きおこすのかというプロセスを説明するものとして，モデルを理解できます。新しい事象はモデルの出力によって説明されます。

　最も単純なモデルのテンプレートは，以下のような直線の方程式で表現できます。

$y = mx + c$

　この方程式では，yが出力変数，xが入力変数，そしてmとcはモデルが定義する入力と出力の関係を調整するために設定可

能なモデルのパラメーターです。

たとえば，年収が人間の幸福度に影響をおよぼすという仮説を立て，この二つの変数の関係の記述を試みるとします[1]。以下のように直線の方程式を用いて，この関係を説明するモデルを定義できます。

幸福度 ＝ m×年収＋c

モデルの変数(モデルのパラメーターとは異なります)は現実世界の概念と関連があるため，このモデルには意味があります。モデルを完成させるために，モデルのパラメーターであるmとcの値を設定する必要があります。図2.1（P.54）はパラメーターのそれぞれの値を変えることで，モデルによって定義された「年収」と「幸福度」の関係がどのように変化するかを示すものです。

この図で注目すべき重要なことは，モデルのパラメーターに設定する値に関係なく，モデルによって定義される入力変数と出力変数の関係が直線で描けるという点です。モデルを定義するために直線の方程式をテンプレートとして用いているわけですから，これは意外なことではなく，また，直線の方程式にもとづく数理モデルが線形モデルとして知られる理由でもあります。図で注目すべきもう一つの重要なことは，モデルのパラメーターが変化すると，年収と幸福度の関係がどのように変化する

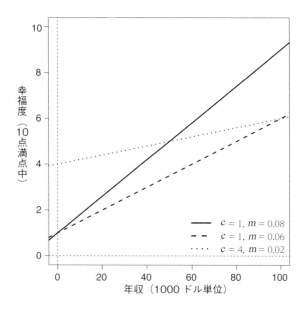

図2.1　年収が幸福度にどのように影響をおよぼすかを示す
　　　　三つの線形モデル

かという点です。

　パラメーターが $c = 1$, $m = 0.08$ で設定された斜めの実線は，
年収がゼロの時に幸福度が1点になるモデルであり，年収の増
加が人々の幸福に大きな影響を及ぼします。パラメーターが
$c = 1$, $m = 0.06$ で設定された破線も，年収がゼロの時に幸福
度が1点になるモデルです。年収の増加にしたがって幸福度も
上昇しますが，実線のモデルと比較して緩やかな上昇率です。
最後の，パラメーターが $c = 4$, $m = 0.02$ で設定された点線は，

とりたてて不幸な人は存在しないというモデルです。年収がゼロの時でさえ幸福度は10点中4点です。年収の増加は幸福度に影響を及ぼしますが，その効果は控えめです。この3番目のモデルは，年収が幸福度におよぼす影響が比較的弱いことを前提としています。

より一般的には，図2.1の三つのモデルの差は，直線モデルのパラメーターを変更することでどのようにモデルが変化するかを示しています。cの数値を変えることで，直線が上下に移動します。y軸に注目すると，これがはっきりと分かります。モデルによって定義された直線が常にcに設定した値でy軸に交差する（つまり切り取る）ことに注目してください。これが直線モデルのパラメーター c が切片として知られる理由です。切片は，入力変数がゼロの時，出力変数の値を特定するものとして理解できます。パラメーター m の値を変えることで，直線の角度（つまり勾配）が変化します。勾配パラメーターは年収の変化がどれくらいの速度で幸福度に影響を与えるかを制御します。ある意味，勾配値は幸福に対する年収の重要性を測る一つの基準です。年収が非常に重要であれば（すなわち，年収がわずかに変化しただけでも幸福度が大きく変化する場合），このモデルの勾配パラメーターは大きな数値に設定すべきです。この仕組みを理解するもう一つの手段は，直線モデルの勾配パラメーターを，出力値を決定する際の入力変数の重要性，言い換えれば重みを記述するものと考えることです。

複数の入力を持つ直線モデル

　二つ以上の入力変数を持つ数理モデルのひな型として，直線の方程式を用いることができます。たとえば，あなたがローン担当者として金融機関に採用され，職務内容にローン申請の許可または却下の決定が含まれるというシナリオを想定してみましょう。あなたはこの分野の専門家との面談を通じて，ある人物の支払能力をモデル化する有益な手段は，その人の年収と現在の負債を考慮することであるという一つの仮説を思いつきます。この二つの入力変数と，ある人物の支払能力の間に直線の関係があると想定する場合，記号や略語を使わず言葉で表現すると，適切な数理モデルは以下のようになるはずです。

$$支払能力＝(年収×年収の重み)＋(負債×負債の重み)＋切片$$

　このモデルではパラメーター m が各入力変数に対する別々の重みに置き換えられ，それぞれの重みは出力を決定する際の，関連する入力の重要性を表しています。数学的な記述では，このモデルは以下のような式で表すことができます。

$$y＝(入力1×重み1)＋(入力2×重み2)＋c$$

　この式では，y は「支払能力」の出力，入力1は「年収」変数，入力2は「負債」変数，そして c は切片をそれぞれ表します。

新しい入力それぞれに対し新しい重みをモデルに追加すると
いう考え方を採用すると，直線の方程式にさまざまな入力を
何度でも当てはめて，直線の方程式を調整することができま
す。このようにして定義されたすべてのモデルは，入力と出
力の数によって定義される次元内で線形です。これは，二つ
の入力と一つの出力を持つ線形モデルは，一本の直線という
よりはむしろ平面を定義することを意味します。なぜなら，
一本の2次元の直線が3次元の型に当てはめられたように見え
るからです。

　入力が多い数理モデルを略さずに記述するのは面倒なため，
数学者はできるだけ簡潔な方法で数式を記述することを好みま
す。これを念頭に置くと，上述の等式は以下のように短く記述
されます。

$$y = \sum_{i=1}^{n} (\text{入力}\,i \times \text{重み}\,i) + c$$

　この記述法による等式は，変数 y を計算するには，まずすべ
ての n 入力をくまなく調べ，各入力にそれぞれ対応する重みを
かけてから，そのかけ算の答えを合計し，最後に合計した答え
に c 切片パラメーターをたすことを意味します。Σ という記号
は，たし算を使ってかけ算の答えを合わせ，添字 i は各入力に
同じ添字の重みを掛けることを意味します。切片を重みとすれ
ば，この記述法をさらに簡潔にできます。これを実施する一つ

の手法は，常に1に等しくなる入力0を仮定し，切片をこの入力に対する重み，つまり重み0とみなすことです。これによって，以下のようにモデルを記述できます。

$$y = \sum_{i=0}^{n} (\text{入力}\,i \times \text{重み}\,i)$$

　今度は添字が1ではなく0から始まることに注目しましょう。その理由は，追加した入力である入力0＝1を前提とし，切片である重み0を改めてラベルづけしたためです。

　線形モデルは複数の方法で記述できますが，線形モデルの中核は「入力値nにそれに対応する重みをかけた合計」として出力が計算されるという点です。したがって，このタイプのモデルの，それぞれの入力に重みづけをしたあと，答えを合計する計算は「重みつき和」として知られます。重みつき和は簡単に計算できますが，さまざまな状況で非常に役立ちます。また，ニューラルネットワークのすべてのニューロンで用いられる基本的な計算でもあります。

線形モデルのパラメーター設定

　では，ローンに申し込んだ人の支払能力を算出できるモデルを作成するという先ほどのシナリオに戻りましょう。簡単に記述するために，この事例では切片パラメーターを無視します。切片パラメーターは他のパラメーター（つまり入力の重み）と

入力に重みづけをしたあと,
答えを合計する計算は
「重みつき和」として知られます。

同じ扱いになるためです。そこで,切片パラメーターを省略し,ある人の年収および負債と支払能力の関係を次のような線形モデル (または重みつき和) で記述します。

支払能力 = (年収 × 年収の重み) + (負債 × 負債の重み)

　モデルを完成させるには,モデルのパラメーターを指定する必要があります。つまり,それぞれの入力に対する重みの値を指定しなければなりません。これを行う一つの手段が,専門知識を活用してそれぞれのパラメーターの値を見つけだすことです。

　たとえば,ある人物の年収の増加が支払能力に与える影響が,同程度の負債の増加よりも大きいと仮定する場合,負債に対する重みと比べて年収に対する重みが大きくなるように設定します。下のモデルはこの仮定をエンコードしたものです。具体的には,このモデルでは,支払能力を決定する上で,年収が負債より 3 倍重要であることを指定します。

支払能力 = (年収 × 3) + (負債 × 1)

　モデルのパラメーター設定に専門知識を活用する際に問題となるのが,専門家の間で頻繁に意見の不一致がおこることです。たとえば,年収を負債の 3 倍重要なものとして重みをつけるこ

とは非現実的だという考え方もあるでしょう。その場合，年収と負債の重みを同じ値に設定し，モデルを調整できます。これは，支払能力の決定において年収と負債が同じくらい重要であると仮定するのと同じことです。専門家たちの意見の衝突を避ける一つの手段は，パラメーターの設定にデータを用いることです。そして，これこそ機械学習が手助けできる事柄です。機械学習で学習すると，データセットからモデルのパラメーター（すなわち重み）を求めることができます。

データからのモデルパラメーターの学習

　本書の後半では，最急降下法アルゴリズムとして知られる線形モデルの重みを学習する標準的なアルゴリズムについて解説します。しかし，ここでもこのアルゴリムについて簡単に触れておきます。二つの入力値（年収と負債）および出力値（支払能力）の両方を持つ例が含まれるデータセットから始めます。表2.1（p.63）は先ほどの支払能力のシナリオから得られるそのようなデータセットの一例を示してしています[2]。

　次に，それぞれの重みの最初の値を推測しながら，重みの学習プロセスを開始します。最初の推測モデルは質の悪いモデルとなる可能性が非常に高くなりますが，これは問題ではありません。なぜなら，データセットを用いて繰り返し重みを更新することで，モデルの質が徐々に向上し，使われているデータに適したものになっていくためです。例として，上述のモデルを

機械学習で学習すると，
データセットからモデルの
パラメーター（すなわち重み）を
求めることができます。

表2.1　ローン申請と申込者の既知の支払能力
　　　　評価のデータセット

ID	年収	現在の負債	支払能力
1	$150	− $100	100
2	$250	− $300	− 50
3	$450	− $250	400
4	$200	− $350	− 300

最初の(推測)モデルとして使います。

支払い能力＝(年収×3)＋(負債×1)

　モデルの重みを改善するための一般的なプロセスでは，データセットから例を一つ選び出し，その例からの入力値をモデルに入力します。こうすることで例に対する推定出力値の計算が可能になります。この推定出力値を得たのち，データセット内のサンプルに対する実際の出力値から推定出力値を引くことで，そのサンプルに対するモデルの誤差を計算できます。サンプルに対するモデルの誤差を使い，以下のような学習ルールを用いてモデルの重みを更新することによって，モデルはデータに適したものになっていきます。

・誤差がゼロの場合には，モデルの重みを変えない。

・誤差が正の場合，モデルの出力値が低すぎるので，そのサンプルにおいて，正の値であったすべての入力の重みを増やし，負の値であったすべての入力の重みを減らすことで，そのサンプルに対するモデルの出力を増やす。

・誤差が負の場合，モデルの出力が高すぎるので，そのサンプルおいて，正の値であったすべての入力の重みを減らし，負の値であったすべての入力の重みを増やすことで，モデルの出力を減らす。

　重みの更新プロセスを説明するため，図表2.1（p.54,63）のサンプル1（年収＝150，負債＝－100，支払い能力＝100）を用いて，先ほど推測したモデルの精度を検証し，結果として導き出される誤差に応じて重みを更新してみましょう。

$$\begin{aligned}
支払能力 &= （年収 \times 3）+（負債 \times 1）\\
&=（150 \times 3）+（-100 \times 1）\\
&= 350
\end{aligned}$$

　サンプル1の入力値をこのモデルに渡したとき，モデルが返す支払能力の推定値は350です。この数値はデータセット内に記述されているサンプル1の支払能力値である100よりも大きくなります。結果として，モデルの誤差は負（100－350＝

－250）になります。そのため，上述の学習ルールに従い，正の入力の重みを減らし，負の入力の重みを増やすことで，モデルの出力を減らします。サンプル1では，年収の入力は正の値であり，負債の入力は負の値になっていました。したがって，年収の重みを1減らし，負債の重みを1増やすと，最終的には以下のようなモデルになります。

支払能力＝（年収×2）＋（負債×2）

　古いモデルと比較して新しいモデルが例題に対し，より正確な推定値を生成するかどうか検証することで，この重みの更新によってモデルの精度が向上したかどうか確認できます。以下に，同じサンプルを新しいモデルへ適用した場合にどのような結果になるかを説明します。

支払能力＝（年収×2）＋（負債×2）
　　　　＝（150×2）＋（－100×2）
　　　　＝100

　今度はモデルによって生成された支払能力の推定値はデータセットの値と一致し，元のモデルより更新されたモデルのほうがデータにより適していることが分かります。実際，この新しいモデルはデータセットのすべてのサンプルに対して正しい出

力を生成します。

　この例では，モデルの動きをデータセットのすべてのサンプルに適した重みを見つけるために，一度だけ重みを更新するだけで済みました。しかし通常は，良質なモデルを得るためには，サンプルを与えて重みを更新する作業を何度も繰り返して行う必要があります。また便宜上，サンプル 1 に対して，重みに 1 を足すか，あるいは重みから 1 を引くことで重みが更新されると仮定しましたが，概して，実際の機械学習では，それぞれの重みをどの程度更新すべきかという計算は，これよりもさらに複雑です。しかし，そのような違いを除けば，モデルをデータセットに適したものにするためのモデルの重み (すなわちパラメーター) の更新方法としてここに概略を述べた一般的なプロセスは，ディープラーニングの中核をなす学習プロセスといえます。

モデルの統合

　ここまでで，申込者の支払能力を推定するための線形モデルの指定方法や，モデルをデータセットに適したものにするためのパラメーターの修正方法について理解が深まりました。しかし，ローン担当者の仕事は単に申込者の支払能力を計算することに止まりません。ローン申請を許可するか，それとも却下するかの決断をしなければなりません。つまり，支払能力スコアを入力として選び，ローン申請の結果を返すルールが必要です。

たとえば，「支払能力スコアが200を超える申込者はローンが許可される」という決定ルールを採用してもいいでしょう。この決定ルールはモデルでもあり，入力変数，この場合は「支払能力」を出力変数である「ローンの意思決定」に対応づけます。

　この決定ルールを用いて，ローン申込者のプロフィール（年収と負債によって記述される）を支払能力スコアに変換するために支払能力のモデルを最初に使い，次に結果として生じる支払能力のスコアを決定ルールモデルに適用してローンの意思決定を生成することで，ローン申請の裁定が可能になります。このプロセスを仮に数学的に記述すると，以下のようになります。

ローンの意思決定
＝決定ルール（支払能力＝（年収×2）＋（負債×2））

　この記述を用いると，図表2.1（p.54,63）の例1に関するローン申請を裁定するための全体的な決定プロセスは次のようになります。

ローンの意思決定
＝決定ルール（支払能力＝（年収×2）＋（負債×2））
＝決定ルール（支払能力＝（150×2）＋（－100×2））
＝決定ルール（支払能力＝100）
＝却下

　ここまでで，モデル（二つの比較的簡潔なモデル，決定ルールおよび重みつき和で構成される）を使って，ローンの決定をどのように行うかを記述できる段階に達しました。さらに，過去のローン申請からのデータを使ってモデルのパラメーター（つまり重み）を設定すれば，今までのローン申請の処理方法に対応したモデルになります。そのモデルを使うと，過去の決定と矛盾しない方法で新しい申請を処理できるので，この方法は有益です。新しいローン申請が提出された場合，単純にモデルを使って申請を処理し，ローンを認めるかどうかの決定を生成すればいいのです。数理モデルを新しいサンプルに適用した際の，この能力が，非常に有益なのです。

　一つのモデルの出力を別のモデルの入力として使う時，二つのモデルを組み合わせて三番目のモデルを作成していることになります。比較的小規模で単純なモデルを組み合わせることで複雑なモデルを構築する戦略は，深層学習ネットワークの中核を成します。後述しますが，ニューラルネットワークはニューロンと呼ばれる小さな単位が多数集まって構成されます。一つひとつのニューロンは，それ自体が一式の入力に出力を対応づける単純なモデルです。ネットワークによって実行される全体的なモデルは，一つのニューロンのグループからの出力を入力として二番目のニューロンのグループに渡し，二番目のグループのニューロンの出力を入力として三番目のグループのニューロンに渡し，最終的なモデルの出力が生成されるまでこれを繰

り返すことで構築されます。中心となる考え方は，ニューロンの出力を入力として次のニューロンに渡すことで，後続のニューロンが，全体的な問題のうち，前のニューロンと異なる部分を解くように学習できるようにする，ということです。前のニューロンによって実装された部分的な解の上に次の解を組み立てることで，全体の問題を解こうとします。これと同じ方法で，決定ルールは支払能力モデルの計算結果にもとづき，ローン申請の最終的な裁定を生成します。このモデル構成については，あとの章で改めて論じます。

入力空間，重み空間，活性化空間

数理モデルは数式で記述できますが，モデルの幾何学的な意味を理解しておくことは役に立ちます。たとえば，図2.1（p.54）の直線は，線形モデルのパラメーターの変更が，モデルが定義した変数間の関係にどのような変化をもたらすかを理解するのに役立ちます。ニューラルネットワークについて考察する時，その違いを区別し，理解するのに役立つ幾何空間がいくつか存在します。入力空間，重み空間およびニューロンの活性化空間です。これらの三つのタイプの空間は，前のセクションで解説したローン申請の決定モデルを用いて説明できます。

まず入力空間の概念から説明します。先ほどのローン決定モデルでは申込者の年収と現在の負債という二つの入力を用いました。表2.1（p.63）では，四つのローン申請例にこれらの入

力値が含まれます。入力変数の一つひとつを座標系の軸として
扱うことで，このモデルの入力空間をプロットできます。空間
内のそれぞれの点が，モデルへ入力可能な値の組み合わせを定
義するため，この座標空間は入力空間と呼ばれます。たとえば，
図2.2左上の図の点は，モデルの入力空間の範囲内での四つの
ローン申請例の位置をそれぞれ示しています。

　モデルの重み空間は，モデルが使うことが可能な重みの組み
合わせの領域を記述します。モデルの一つの重みにつき一本の
軸を用いて座標系を定義することで，モデルの重み空間をプ
ロットできます。ローン決定モデルには二つの重みしかありま
せん。年収に対する重みが一つと，現在の負債入力に対する重
みが一つです。したがって，このモデルの重み空間は２次元で
す。図2.2の右上の図は，このモデルの重み空間の一部を示し
ています。図内では，モデルが使う重みの組み合わせの位置を
表す(2,2)がマークされています。この座標系内のそれぞれの
点はモデルに対する可能な重みの組み合わせを表し，それぞれ
が異なる重みつき和関数に対応します。したがって，重み空間
内で重みの位置を移動させると，モデルが変化します。なぜ
なら，モデルが定義する入力から出力への写像が変化するため
です。

　線形モデルは，重みつき和の計算式を入力値に適用すること
で，つまり，各入力値に重みの値をかけ，その結果の値を合計
することで，入力値の組を新しい空間上の点へ写像します。先

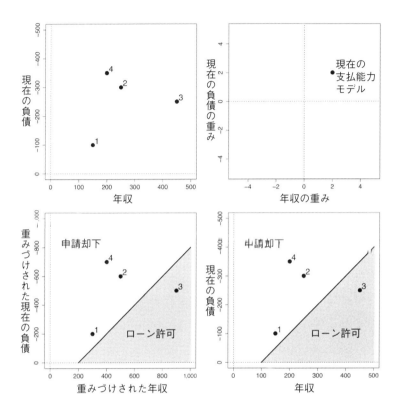

図2.2
ローン決定モデルの処理に関し，四つの異なる座標空間があります。左上は入力空間，右上は重み空間，左下は活性化（または決定）空間を表します。また，右下は入力空間に決定境界を加えた図です。

ほどのローン決定モデルでは，この写像後の空間中の点に対して決定ルールを適用しました。ですから，この空間を決定空間と呼ぶこともできますが，次章でニューロンの構造について説明する際に明らかになる理由ゆえに，この空間を活性化空間と呼びます。モデルの活性化空間の軸は，モデルで重みづけした入力に対応します。したがって，活性化空間のそれぞれの点が重みづけされた入力の組を定義します。先ほどの「支払能力スコアが200を超える人物はローンが許可される」というルールのような決定ルールをこの活性化空間のそれぞれの点に適用し，それぞれの点の決定結果を記録することで，この空間のモデルの決定境界をプロットできるようになります。活性化空間内の点は，閾値（しきいち）を上まわるか下まわるかで二つに分かれますが，その境界が決定境界です。図2.2（p.71）の左下の図は，ローン決定モデルの活性化空間を示します。各点は，表2.1（p.63）に記載された四つのローン申請例を活性化空間に当てはめた場合の位置を示します。この図の黒色の斜線は決定境界を示します。この閾値を用いると，ローン申請 3) は許可され，その他のローン申請は却下されます。必要に応じ，入力空間内のそれぞれの位置に対し，重みつき和関数によって対応づけられる活性化空間の決定境界のどちら側かを記録することで，決定境界を最初の入力空間に引き戻して当てはめることも可能です。このプロセスを用いて決定境界を生成した結果が，図2.2の右下の図であり，最初の入力空間における決定境界が

示されています(両軸の数値が異なる点に注意してください)。重み空間と決定境界の概念については次章で改めて論じますが,その際にニューロンのパラメーターの調整が入力の組み合わせをどのように変化させ,ニューロンの出力である活性値を高くするかについて説明します。

まとめ

　本章で主に論じてきたのは,等式による記述,直線による描画のいずれにおいても,線形数理モデルは複数の入力と一つの出力の関係を説明するということです。すべての数理モデルが線形モデルではない点に注意してください。本書でものちほど非線形モデルが出てきます。しかし,入力の重みつき和はニューラルネットワークの基礎をなす計算であり,その基礎的な計算が線形モデルを定義しているのです。本章で紹介したもう一つの重要な概念は,線形モデル(重みつき和)は,重み,つまりパラメーターの集合を持つということです。このパラメーターを変えることで,モデルが記述する入力と出力の関係を変化させることができます。必要に応じ,専門分野の知識を活用して手動でこの重みを設定することも可能です。しかし,機械学習を用いてモデルの重みの値を決めれば,データセット内でパターンを発見し,それにモデルの挙動を一致させることができます。本章で紹介した最後の重要な考え方は,単純なモデルを組み合わせることで複雑なモデルを構築できるということで

す。一つ (またはそれ以上) のモデルからの出力を別のモデルの入力として使うことで，そのような構築を行います。この手法を用いて，ローンの決定をするための複合的なモデルを定義しました。次章で言及しますが，ニューラルネットワークのニューロン構造はこのローン決定モデルに酷似しています。ちょうどこのモデルのように，ニューロンがその入力の重みつき和を計算し，この計算結果を二番目のモデルに渡し，二番目のモデルはニューロンが活性化するか否かを決定します。

　本章の狙いは，機械学習やディープラーニングの専門用語を紹介する前に，基礎的な概念のいくつかを紹介することでした。本章で紹介した概念がどのように機械学習の専門用語に対応するか簡単に概要を説明すると，先ほどのローン決定モデルは閾値の活性化関数を使う 2 入力ニューロンに相当します。二つの金融指標 (年収と現在の負債) は，ニューロンが受け取る入力に類似します。一つの例を記述する一式の指標について言及する際に，入力ベクトルまたは特徴ベクトルという用語がときどき使われます。この文脈では，例は，年収と現在の負債という二つの特徴で表現される一人のローン申込者です。また，ローン決定モデルと同様，ニューロンも重みをそれぞれの入力と関連づけます。さらに，くりかえしになりますが，ローン決定モデルとまったく同じように，ニューロンは入力の全体的なスコアを計算するために，それぞれの入力に対し，重みをかけ，このかけ算の答えを合計します。最後に，支払能力スコアに閾値

を適用し，ローン申請を許可するか，却下するかという決定に変換したのと同じような方法で，ニューロンは関数（活性化関数として知られる）を適用し，入力の全体的なスコアへ変換します。最も初期のタイプのニューロンでは，このような活性化関数は実際に閾値関数であり，この支払能力のスコアリングの例で使った閾値とまったく同じように機能していました。最近のニューラルネットワークでは，単なる閾値とは異なる種類の活性化関数（たとえば，ロジスティック関数，双曲線関数またはReLU関数など）が使われます。これらの活性化関数については次章で紹介します。

第3章

ニューラルネットワーク：
ディープラーニングの基礎となる構成要素

　「ディープラーニング（深層学習）」といっ用語は，「ニューラルネットワーク」のモデルの一群を意味するもので，ネットワーク内にニューロンとして知られる単純な情報処理プログラムの層を複数もったモデルを指します。本章では主に，人工ニューラルネットワーク内でどのようにニューロンが機能し，相互につながっているかについて明確かつ包括的に説明していきます。データを用いたニューラルネットワークの学習方法については，このあとの章で解説します。

　ニューラルネットワークは人間の脳の構造に着想を得た計算モデルです。人間の脳は，ニューロンと呼ばれる膨大な数の神経細胞で構成されています。事実，ある試算によると，脳内のニューロン数は1,000億個と推定されています（出典：エルクラーノ＝アウゼル　2009年）。ニューロンは，細胞体，樹状突起と呼ばれる繊維の集合，そして軸索と呼ばれる一本の長い

繊維という，単純な三つの構成要素から成ります。図3.1は，ニューロンの構造と，脳内の一つのニューロンが他のニューロンとどのようにつながっているかを説明するものです。細胞体から樹状突起と軸索が伸びていて，樹状突起は他のニューロンの軸索につながっています。軸索はニューロンの出力チャンネルとしての機能を持ちます。軸索に沿って伝達される信号は，その軸索とつながっている樹状突起を通して他のニューロンへと伝達され，入力として受け取られます。

　ニューロンは非常に単純な方法で機能します。入ってくる刺激が十分に強い場合，ニューロンは，つながっている他のニューロンに対し，活動電位と呼ばれる電気パルスを軸索に沿って伝達します。つまり，一つのニューロンは，入力を受け取り，活動電位を出力するか，出力しないか，全部か無かを切り替えるスイッチの役割を果たします。

　上記の人間の脳に関する説明は，生物学的な現実を極端に単

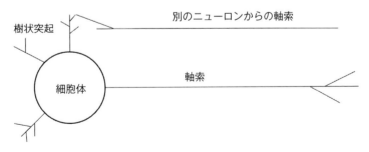

図 3.1　脳のニューロン構造

純化していますが，人間の脳の構造とニューラルネットワークと呼ばれる計算モデルの類似性を理解するための必要な要点を押さえています。類似点として次の三つが挙げられます。(1)脳はニューロンと呼ばれる互いにつながった大量の単純なユニットによって構成されている。(2)脳の機能は，高いか低いかの2値の電気信号，つまり活動電位へ，エンコードされた情報処理として理解でき，それがニューロンのネットワーク全体に広がっている。(3)各ニューロンは隣り合うニューロンから一連の刺激を受け取り，このような入力を高電位か低電位かの出力値に写像する。これらは，すべてのニューラルネットワークの計算モデルに共通した特徴です。

人工ニューラルネットワーク

　人工ニューラルネットワークは，ニューロンと呼ばれる単純な情報処理ユニットのネットワークによって構成されます。複雑な関連性をモデル化するニューラルネットワークの能力は，複雑な数理モデルによるものではなく，むしろ多数の単純なニューロン間の相互作用より得られます。

　図3.2(p.80)に，ニューラルネットワークの構造を示します。標準的には，ニューラルネットワーク内のニューロンは複数の層で構成されます。この図で示されているネットワークは5層構造であり，1層の入力層，3層の隠れ層，1層の出力層で構成されます。隠れ層とは，単に入力層と出力層のどちらでも

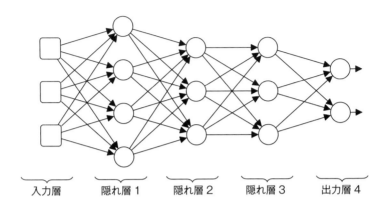

図 3.2　単純なニューラルネットワークの構造

ない層を指します。深層学習ネットワークとは，多数のニューロンの隠れ層を持つニューラルネットワークです。2層以上の隠れ層をもつニューラルネットワークが「ディープ（深い）」とみなされますが，大多数の深層学習ネットワークには2層よりはるかに多い数の隠れ層が存在します。重要なのは，隠れ層と出力層の数を足した数がネットワークの深さとなることです。

　図3.2の入力層の四角形は，ネットワークへの入力値が格納されているメモリ内の位置を示しています。これらの位置は受容ニューロンとみなすことができます。受容ニューロンは情報処理を一切行いません。つまり，それぞれの受容ニューロンの出力値は，単にメモリ内に格納されるデータの値にすぎません。図中の円は，ネットワーク内で情報処理をする

ニューロンを意味します。それぞれの情報処理ニューロンが数値の集合を入力データとして解釈し，一つの出力値に変換します。そして受容ニューロンの出力値または別の情報処理ニューロンの出力値が，それぞれの情報処理ニューロンへの入力値となります。

図3.2の矢印は，ネットワーク内で情報がニューロンの出力値となり，また別のニューロンの入力値として流れていく様子を示しています。ネットワーク内の各結合は二つのニューロンを結びつけています。また，各結合は方向を持っています。つまりこれは，結合を通して伝達される情報が一方向にのみ流れることを意味します。ネットワーク内の一つひとつの結合は，それぞれ「重み」を持ちます。結合の重みは単なる数値にすぎないとはいえ，非常に重要です。重みは結合を通して受け取った情報をニューロンがどのように処理するかを左右し，実際に，人工ニューラルネットワークの学習においては，必然的に，最善な（即ち最適な）重みを得るためのチューニングが行われるためです。

人工ニューロンの情報処理方法

ニューロン内の情報処理，つまり入力から出力への写像は，第2章で展開したローン決定モデルとよく似ています。ローン決定モデルでは最初に入力特徴（年収と負債）の重みつき和を計算しました。データセットを使って重みつき和に用いた重み

深層学習ネットワークとは,
多数のニューロンの隠れ層をもつ
ニューラルネットワークです。

を調整しました。その結果，ローン申込者の年収と負債を入力したときの重みつき和の計算結果が，申込者の支払能力スコアの推定値となりました。ローン決定モデル処理の第二の段階として，重みつき和の計算結果（推定される支払能力スコア）を決定ルールに渡しました。この決定ルールは，支払能力スコアをローン申請の許可あるいは却下の決定に写像する関数でした。

　また，ニューロンは二つの段階の処理を経て，入力から一つの出力を写像します。第一段階の処理では，ニューロンに対する入力の重みつき和を計算します。次に，計算した重みつき和を，ニューロンの最終的な出力値に写像する二つ目の関数に渡します。ニューロンを設計している時に，この第二段階の処理にはさまざまなタイプの関数を使うことができます。前章のローン決定モデルで使った決定ルール程度の単純な関数の場合もあれば，より複雑な関数の場合もあります。通常，ニューロンの出力値は活性値として知られ，それゆえ，重みつき和の結果からニューロンの活性値を写像するこの二つ目の関数は活性化関数として知られます。

　図3.3（P.84）は，このような処理がどのように人工ニューロンの構造に反映されるかを示したものです。記号Σは重みつき和の計算を表し，記号φは重みつき和の結果を処理してニューロンからの出力値を生成する，活性化関数を表します。

　図3.3のニューロンはn個の異なる入力結合に関するn個の入力 $[x_1, \cdots, x_n]$ を受け取り，各結合はそれぞれ対応する重み

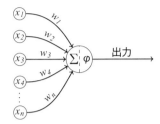

図 3.3　人工ニューロンの構造

$[w_1, \cdots, w_n]$ を持ちます。重みつき和の計算では，入力に重みを乗じ，結果として生じた値を合計します。数学的には，この計算は以下のように記述できます。

$$z = (x_1 \times w_1) + (x_2 \times w_2) + \cdots + (x_n \times w_n)$$

　また，より簡単な数式で記述すると，以下のようになります。

$$z = \sum_{i=1}^{n} x_i \times w_i$$

　たとえば，あるニューロンが入力 $[x_1{=}3, x_2{=}9]$ を受け取り，重み $[x_1{=}-3, w_2{=}1]$ を持つと仮定すると，重みつき和は以下のように計算されます。

$$z = (3 \times -3) + (9 \times 1)$$
$$= 0$$

　ニューロン内の第二段階の処理では，重みつき和の結果，つまり値 z を「活性化関数」に渡します。図3.4（p.86）はいくつかの可能な活性化関数の形状をプロットしたものです。図では，それぞれの関数への入力，つまり z のレンジを，関数の形状が最も的確に表現されるよう，[－1, …, ＋1] または [－10, …, ＋10] にとっています。図3.4の上では，閾値の活性化関数がプロットされています。ローン決定モデルで使った決定ルールは閾値関数の一つであり，支払能力スコアが200より大きいか否かが決定ルールで用いたしきい値でした。閾値を用いた活性化関数は初期のニューラルネットワークの研究においては一般的なものでした。図3.4の中では，「ロジスティック」と「双曲線正接（tanh）」活性化関数がプロットされています。これらは，つい最近まで，多層ネットワークの活性化関数として，ごく一般的に採用されていました。図3.4の下では，正規化（rectifier）（ヒンジ，または正線形とも呼ばれる）活性化関数がプロットされています。これは最近の深層学習ネットワークで最もよく見られる活性化関数です。2011年，正規化活性化関数によって，深層ネットワークに対して，よりよい学習が可能となることが証明されました（出典：グロロットほか2011年）。第4章で論じますが，ディープラーニングの歴史を振り返ると，ニューラルネットワーク研究は，閾値活性化関数からロジスティック活性化関数と双曲線正接活性化関数へ移行し，さらに正規化活性化関数へと移行してきました。

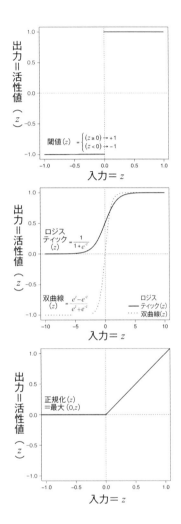

図 3.4 上：閾値関数
中：ロジスティックおよび双曲線関数
下：正規化線形関数

　例に戻ると，重みつき和の処理の結果は$z＝0$でした。図3.4（中，実線）ではロジスティック関数がプロットされています。ニューロンがロジスティック活性化関数を用いていると仮定すると，このグラフは和の答えがどのように一つの出力の活性値に写像されるかを示しています。すなわち，ロジスティック（0）＝0.5です。このニューロンの出力の活性値の計算式を以下のように要約できます。

$$出力\text{－}活性化\_関数\left(z＝\sum_{i=1}^{n}x_i\times w_i\right)$$

$＝$ ロジスティック $(z＝(3\times-3)+(9\times1))$
$＝$ ロジスティック $(z＝0)$
$＝0.5$

　このニューロンの情報処理方法は，前章で展開したローン決定モデルとよく似ています。主な違いは，重みつき和の値を，許可または却下の二値の出力値に変換する決定閾値ルールを，0から1の間の一つの連続値に変換するロジスティック関数で置き換えたことです。ネットワーク内のどこに，このニューロンが位置するかによって違いますが，ニューロンの活性値（この場合$y＝0.5$）は，次の層のニューロンの入力値として渡されるか，または，ネットワーク全体の出力の一つの値になります。ニューロンが出力層にある場合，その出力値が何を意味するかはニューロンによりモデル化しようとしたタスクにより異

なります。該当のニューロンがネットワークの隠れ層の中にある場合，その出力値に関して意味のある解釈をすることは難しいかもしれません。ただし，一般的な解釈は可能であり，ネットワークがその出力値を生成する際に有益だと判断した何らかの特徴（第 1 章で論じた BMI 特徴に似た）を表すと考えられています。ニューラルネットワーク内での活性値の意味の解釈は，第 7 章でもう一度戻って挑戦しましょう。

　この節で忘れてはならない重要な点は，ニューラルネットワークとディープラーニングの基礎となる要素であるニューロンは，重みつき和を計算し，その答えを活性化関数に渡すという単純な二段階の手順によって定義されることです。

　図 3.4（p.86）は，双曲線関数とロジスティック関数のどちらも非線形関数であることを示しています。実際，この二つの関数のグラフの輪郭は（直線ではなく）特徴的な S 字型です。すべての活性化関数が S 字型とは限りませんが（たとえば，閾値または正規化関数は S 字型ではありません），すべての活性化関数は必ず重みつき和の出力に非線形写像を適用したものになっています。事実，活性化関数が用いられるのは，ニューロンの処理に非線形写像が導入されているためです。

活性化関数が必要な理由

　ニューロンで非線形写像が必要な理由を理解するには，囲碁における碁石の配置からその配置の評価に至るまで，あるいは

一枚のレントゲン写真から患者の診断に至るまで，基本的にニューラルネットワークは入力から出力への写像の定義をしているにすぎないという点をまず理解することです。ニューロンはニューラルネットワークの基礎となる要素であり，したがってネットワークによって定義される写像の基礎となる要素でもあります。ネットワークによって定義される入力から出力への全体的な写像は，ネットワーク内の一つひとつのニューロンが実行する入力から出力への写像で構成されます。これが示唆するのは，ネットワーク内のすべてのニューロンが線形写像（重みつき和の計算）のみしか実行しないとしたら，ネットワーク全体で行われるのは入力から出力への線形写像のみということになります。しかし，モデル化が望まれる現実世界の関係性の多くは非線形であり，線形モデルを使ってこの関係のモデル化を試みるとしたら，モデルの精度は非常に低くなります。線形モデルを用いて非線形関係をモデル化しようと試みると，第1章で論じたアンダーフィット問題の一例となってしまいます。つまり，データセット中のパターンをエンコードするために使ったモデルが単純すぎる場合，アンダーフィットという現象が生じ，結果的にモデルの精度が低くなってしまいます。

　一方が増加すると，常に他方が一定の割合で増加または減少する場合，その二つの物事の間には直線関係が存在します。たとえば，ある従業員が週末出勤や残業にかかわらず固定の時給で勤務する場合，就労時間数と給与の間には直線関係がありま

す。給与と比較した勤務時間のグラフは直線になります。つまり，直線の傾きが急になるにしたがって，固定の時給が上昇します。しかし，たとえば残業したり，週末出勤した場合に時給を上げるなどの措置を講じることで，この従業員のための支払システムをほんのわずかでも複雑にすると，もはや就労時間数と給与の関係は直線ではなくなります。この従業員の給与より格段に複雑な関係をモデル化するには，通常はニューラルネットワーク，とくに深層学習ネットワークが使われます。このような関係をモデル化するには，ネットワークは複雑な非線形写像を学習し，表現できなければなりません。つまり，ニューラルネットワークがそのような非線形写像を実行できるようになるには，ネットワーク内のニューロン処理に非線形の手順（活性化関数）が含まれる必要があります。

　原則的に，種類にかかわらず活性化関数として非線形関数を用いることで，ニューラルネットワークは入力と出力の間の非線形写像を学習できるようになります。しかし，のちほどくわしく見ていきますが，図3.4（p.86）にプロットされた大部分の活性化関数は，ニューラルネットワークを学習する際に役立つ数学的性質を備えているため，ニューラルネットワーク研究に一般的に用いられているのです。

　ニューロンの処理に非線形性を導入することでネットワークが入力と出力の間の非線形写像を学習できるようになるという事実は，ネットワークの全体的な挙動がネットワーク内

の個々のニューロンによって実行される処理の反復から生じるという事実を別の角度から説明するものです。ニューラルネットワークは「分割統治」戦略を用いて問題を解きます。つまり，ネットワーク内のそれぞれのニューロンが大きい問題の一部分を解き，それら一部分に対する解を組み合わせることで問題全体を解きます。ニューラルネットワークの能力の重要な側面は，ネットワーク内の結合に重みが設定されているので，学習では，ネットワークは，要するに，より大きな問題を分解して学習していて，個々のニューロンは，その解き方を学習しています。また，個々のニューロンは，この分解された問題内の構成要素に対してその解を付与します。

　ニューラルネットワーク内には，ネットワーク内の他のニューロンとは異なる活性化関数を用いるニューロンもあるかもしれません。しかし，一般には既知のネットワーク層の範囲内のすべてのニューロンは同じ種類になります（言い換えれば，すべて同じ活性化関数を使います）。また，時にニューロンはユニットと呼ばれることがあり，ユニットが用いる活性化関数にもとづいてユニットを区別します。つまり，閾値活性化関数を用いるニューロンは閾値ユニット，ロジスティック活性化関数を用いるニューロンはロジスティックユニット，正規化活性化関数を用いるニューロンは正規化線形ユニット，別名ReLU（Rectified Linear Unit）として知られます。たとえば，ネットワークはロジスティックユニットの層につながって

ReLUの層が存在する場合があります。ネットワークを設計して
いるデータサイエンティストが，ネットワーク内のニューロンの
中でどの活性化関数を用いるかを決めます。この決定にあたり，
データサイエンティストは何度も実験を繰り返し，データセット
に対してどの活性化関数を使えば最高のパフォーマンスが実現で
きるかを検証します。しかし，往々にしてデータサイエンティス
トはある時点で人気の高い活性化関数をデフォルトで自動的に使
いがちです。たとえば，現在ニューラルネットワークの世界では
ReLUが最も一般的に用いられているユニットです。しかし，新
しい活性化関数が考案され，検証されるにつれて，この状況は
変わるかもしれません。本章の最後で論じますが，学習に先立
ちデータサイエンティストが手動で設定するニューラルネット
ワークの要素はハイパーパラメーターとして知られます。

　ハイパーパラメーターという用語は，学習中，手動で設定さ
れたモデルの部分を，機械学習アルゴリズムによって自動で設定
されたモデルのパラメーターと区別して説明する際に用いられ
ます。ニューラルネットワークのパラメーターはネットワーク
内のニューロンの重みつき和の計算で用いられる重みです。第
1章と第2章で言及したように，ニューラルネットワークのパ
ラメーター設定用の標準的な学習では，パラメーター（ネット
ワークの重み）を無作為な値に初期設定することから始め，学
習中にデータセットにもとづいたネットワークのパフォーマン
スを利用してこれらの重みを徐々に調整することで，データに

対するモデルの精度を向上させます。第6章では，ニューラルネットワークの学習で最も一般的に使われる二つのアルゴリズムである，最急降下法アルゴリズムとバックプロパゲーションアルゴリズムについて解説します。次に，ニューロンのパラメーター変更によって，ニューロンが受け取る入力に対しニューロンの応答がどのように変化するかということに焦点を当てます。

パラメーターの変更によってニューロンの挙動がどのように変化するか？

　ニューロンのパラメーターとは重みつき和の計算でニューロンが用いる重みのことです。ニューロンの重みつき和の計算は線形モデルで使われる重みつき和と同じですが，ニューロンでは重みと最終的なニューロンの出力との関係はさらに複雑になります。その理由は，最終的な出力を生成するために重みつき和の結果が活性化関数に渡されるためです。ニューロンがどのように与えられた入力に対して決定をするのかを理解するには，ニューロンの重み，ニューロンが受け取る入力，そしてニューロンがそれに応じて生成する出力の関係を理解する必要があります。

　ニューロンの重みと既知の入力に対しニューロンが生成する出力の関係は，閾値活性化関数を用いるニューロンを例にとれば簡単に理解できます。この種類の活性化関数を用いるニューロンは，我々のローン決定モデルに相当します。そこでは，重みつき和の計算によって作成された支払能力スコアを二つに分

ニューラルネットワークは
「分割統治」戦略を用いて
問題を解きます。
つまり，ネットワーク内の
それぞれのニューロンが
大きい問題の一部分の解を求め，
それら一部分に対する解を
組み合わせることで
問題全体を解きます。

類するために，ローン申請を許可または却下する決定ルールを使いました。第2章の終わりで，入力空間，重み空間，活性化空間という三つの概念を紹介しました（図2.2　p.71を参照）。入力ローン決定モデルの入力空間は，x軸に沿った入力（年収）と，y軸に沿った入力（現在の負債）とで，2次元空間として視覚化できます。この図のそれぞれの点はモデルに対し入力可能な値の組み合わせを定義し，また，入力空間の点の集合は，モデルが処理できる入力の集合を定義します。ローン決定モデルに使われる重みは，入力空間を二つの領域に分割するものとして理解できます。一つ目の領域は最終的にローン申請が許可されるすべての入力が含まれ，もう一つの領域は最終的にローン申請が却下されるすべての入力が含まれます。このシナリオでは，決定モデルが用いる重みが変更されると，許可または却下となるローン申請の集合が変化します。これは直感的にも理にかなっています。なぜなら，ローンの許可または却下の決定をする際，申請者の負債対収入の比重が，モデルの重みを変更することで変わるためです。

　上記のローン決定モデルの分析を一般化すると，ニューラルネットワーク内のニューロンに対しても，同様の分析ができます。ローン決定モデルに相当するニューロン構造は，閾値活性化関数を備えた2入力ニューロンです。そのようなニューロンの入力空間の構造は，ローン決定モデルの入力空間と似ています。図3.5（p.96）は，重みつき和の結果がゼロより大きい場合には高い活性値を出力し，それ以外は低い活性値を出力する

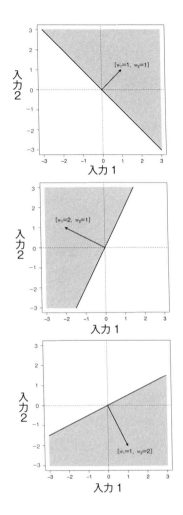

図 3.5   2 入力ニューロンの決定境界を示すグラフ
上：重みベクトル [w1=1, w2=1]
中：重みベクトル [w1=− 2, w2=1]
下：重みベクトル [w1=1, w2=− 2]

閾値関数を用いる2入力ニューロンの入力空間を示す三つの図です。それぞれの図の違いは，それぞれの標本についてニューロンが異なる決定境界を定義する点です。それぞれの図では，決定境界は黒い線で示されています。

図3.5の各グラフは，まずニューロンの重みを決定したあと，入力空間の各点に対し，ニューロンへの入力としてその点の座標が用いられた時，ニューロンが，高いか低いか，どちらの活性値を返すかを記録することで，作成しました。ニューロンが高活性値を返した入力点は灰色でプロットされ，その他の点は白色でプロットされています。これら三つのグラフを作成するために使われたニューロン間の違いは，入力の加重値を計算するために使われた重みだけです。それぞれのグラフに描かれている矢印は，グラフを作成する際にニューロンが使ったベクトルの重みを示します。この状況では，ベクトルは原点から一つの点への方向および距離を示します[1]。後述しますが，ニューロンによって使われる一連の重みをそのニューロンの入力空間内でベクトル（原点から重みの座標に向かう一本の矢印）を定義するものとして解釈することは，重みを変えるとニューロンの決定境界がどのように変化するかを理解する上で役立ちます。

グラフごとに使った重みは異なります。重みの違いはグラフ中の矢印の方向（重みベクトル）に反映されています。具体的には，重みを変更すると，原点を中心として重みベクトルが回転します。この時，それぞれのグラフの決定境界が，重みベク

トルの方向と連動していることに注意してください。すべての
グラフにおいて，決定境界は重みベクトルと直角（ちょうど
90度の角度）に交わっています。したがって，重みを変更する
と，重みベクトルが回転するだけでなく，ニューロンの決定境
界も回転します。この回転によってニューロンがそれに応じて
高い活性値を出力する入力の集合（灰色の領域）が変化します。

　なぜこの決定境界が常に重みベクトルと直角に交わるのか理
解するため，しばし，線形代数学に目を向けてみましょう。入
力空間のそれぞれの点がニューロンへ入力可能な値の組み合わ
せを定義することを思い出してみてください。ここでは，この
入力を，入力空間の原点から点座標に伸びる一本の矢印と考え
てみましょう。入力空間内のそれぞれの点に対し一本の矢印が
あります。これらの矢印の一本一本は，重みの座標ではなく入
力の座標を示している点を除いて，重みベクトルによく似てい
ます。入力を一つのベクトルとみなすと，重みつき和の計算は
二つのベクトル，つまり入力ベクトルと重みベクトルとを掛け
るのと同じです。線形代数学の専門用語では，二つのベクトル
のかけ算は内積演算と呼ばれます。この議論を進める上で，内
積に関する知識として，この演算の答えが，かけ算される二つ
のベクトル間の角度に左右されることだけ分かっていれば十分
とします。二つのベクトル間の角度が直角より小さい場合，答
えは正（プラス）になります。それ以外は負（マイナス）になり
ます。つまり，重みベクトルと入力ベクトルとをかけると，重

みベクトルに対して直角より小さい角度の入力ベクトルはすべて正の値を返し，そうでない入力ベクトルは負の値を返します。正の値が入力である場合，このニューロンによって使われる活性化関数は高い活性を返し，負の値が入力である場合は低い活性を返します。したがって，重みの角度に対し直角より小さい角度である入力はすべて活性化関数に対して正の入力になるため，決定境界は重みベクトルに対し直角になり，その結果，ニューロンから高い活性値が出力されます。逆に，その他のすべての入力ではニューロンから出力される活性値は低くなります。

　図3.5（p.96）のグラフに話を戻すと，グラフのそれぞれの決定境界の角度は異なりますが，すべての決定境界は重みベクトルの起点（つまり原点）を通過します。これは，一つのニューロンの重みを変えることで，そのニューロンの決定境界は回転するものの，並進しないことを意味します。決定境界が並進すると，決定境界は重みベクトルに沿って上下に移動し，決定境界が重みベクトルと交わる点は原点ではなくなります。すべての決定境界は原点を通過しなければならないという制限のため，ニューロンが学習できる入力パターンの特性が限られています。この制限を克服する標準的な手法として，重みつき和の計算を拡張し，「バイアス項」として知られる余分な要素が含まれるようにします。この「バイアス項」とは，第1章で扱った帰納バイアスのことではりません。どちらかといえば，直線の方程式で直線をy軸の上下に移動させる切片パラメーターに

似ています。このバイアス項の目的は，決定境界を原点から移動 (つまり並進) させることです。

　バイアス項は，重みつき和の計算に含まれる一つの余分な要素にすぎません。活性化関数に渡す前に重みつき和の結果に足すことで，バイアスをニューロンに組み込みます。以下の等式は，b で表されるバイアス項を用いたニューロンにおける処理を説明したものです。

$$出力 = 活性化\_関数\left(z = \underbrace{\left(\sum_{i=1}^{n} x_i \times w_i\right)}_{重みつき和} + \underbrace{b}_{バイアス} \right)$$

　図3.6は，バイアス項の値がニューロンの決定境界にどのような影響を与えるかを解説するものです。バイアス項が負の時，決定境界は原点から重みベクトルが指し示す方向に移動します (図3.6の上と中のグラフを参照)。バイアス項が正の場合，決定境界は反対の方向に並進します (図3.6の下のグラフを参照)。どちらの場合も，決定境界は重みベクトルに直角に交わります。また，バイアス項の大きさは決定境界が原点から移動する距離に影響を与えます。つまり，バイアス項の値が大きくなるにつれて，決定境界の移動も大きくなります (図3.6の

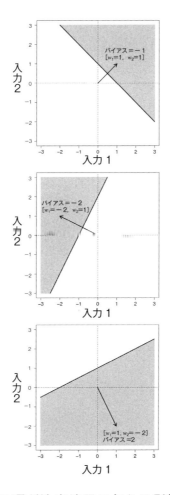

図 3.6　バイアス項が決定境界に与える影響を示す 2 入力
ニューロンの決定境界のグラフ
　上：重みベクトル $[w_1{=}1, w_2{=}1]$ でバイアスは－ 1
　中：重みベクトル $[w_1{=}-2, w_2{=}1]$ でバイアスは－ 2
　下：重みベクトル $[w_1{=}1, w_2{=}-2]$ でバイアスは 2

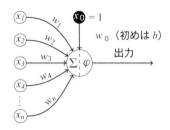

図 3.7　バイアス項 w_0 が含まれる人工ニューロン

一番上のグラフを中央および下のグラフと比較してみましょう)。

　バイアス項の値を手動で設定するかわりに，ニューロンに適切なバイアスを学習させる方が望ましいといえます。これを実行する最も簡単な手法は，バイアス項を重みとして扱い，ニューロンにバイアス項を学習させ，それと同時にニューロンが残りの入力の重みを学習することです。これを実現するのに必要なのは，ニューロンが受け取るすべての入力ベクトルに常に 1 に設定された余分な入力をつけ足すだけです。慣例によって，この入力を 0 番目の入力（$x_0 = 1$）とします。したがって，バイアス項は 0 番目の重み（w_0）[2]によって決定されることになります。図 3.7（p.102）は，バイアス項が w_0 として組み込まれた時の人工ニューロンの構造を示しています。

　バイアス項をニューロンの重みの一つとして統合してしまえば，入力からニューロンの出力の活性値への写像を表す数式は，以下のように簡略化（少なくとも表記上の観点から）できます。

$$出力 ＝ 活性化\_関数 \left(z = \sum_{i=0}^{n} x_i \times w_i \right)$$

　この等式で，添字iが0からnまで達し，それによって今度は固定の入力値$x_0 = 1$とバイアス項w_0が含まれる点に留意しましょう。つまり，この等式の前のバージョンでは，添字の範囲は1からnまででした。この新しい形は，その他の入力に対する重みの学習に用いたのと同じ処理を使って，単に適切な重みw_0を学習することで，ニューロンがバイアス項を学習できることを意味します。つまり，学習の開始時に，ネットワーク内のそれぞれのニューロンに対するバイアス項はランダムな値に初期化され，そのあと，データセットを用いたネットワークのパフォーマンスを見ながら，ネットワークの重みと併せて調整されます。

GPUを用いたニューラルネットワークの学習の高速化

　バイアス項の統合から得られる利点は，記述の利便性にとどまりません。専用ハードウェアを使ってニューラルネットワークの学習を加速することも可能になります。バイアス項を重みと同等に扱えるということは，入力の重みつき和の計算（バイアス項を含む）を二つのベクトルの内積として処理できることを意味します。先ほど，決定境界が重みベクトルと直角に交わる理由を説明した時に論じたように，入力の組は一つのベクトルと考えることができます。ニューラルネットワーク内での処

理の多くにベクトルと行列積が含まれるので，専用ハードウェアを使うことで，これらの計算を高速化できると考えられます。たとえば，画像処理装置（GPU）は超高速行列積を実行するために特別に設計されたハードウェアコンポーネントです。

　標準的なフィードフォワードネットワークでは，一つの層のすべてのニューロンがあとに続く層のすべてのニューロンからの出力（活性値）を受け取ります。これは一つの層のすべてのニューロンがまったく同じ入力を受け取ることを意味します。結果的に，行列積を一つのベクトルに用いるだけで，一つの層のすべてのニューロンに対する重みつき和の計算を実行できます。この計算方法は，層内のそれぞれのニューロンに対してそれぞれ異なる重みつき和を計算するのと比べて大幅に時間を節約できます。このニューロンの層全体に対する重みつき和の計算を一度の積で行うには，前層のニューロンからの出力をベクトルに代入し，2 層のニューロンの間の重みを一つの行列に代入します。次にベクトルにその行列を乗じれば，結果として生じるベクトルにはすべてのニューロンに対する重みつき和が含まれます。

　図 3.8（p.106）は，一つの行列積演算を使って，どのようにネットワークの層内のニューロンに対する重みつき和の計算を実行できるかを示すものです。この図は二つの部分から構成されています。左側の図は二つの層のニューロン間の結合を示し，右側の図は第 2 層にあるニューロンの重みつき和を計算する行列演算を示します。二つの図の対応がわかるよう，左側の図で

はニューロンEへの結合，右側の図ではニューロンEの重みつき和の計算がそれぞれ強調されて描かれています。

　右側の図に注目すると，この図の左下の1×3のベクトル（1行，3列）はネットワークの第1層のニューロンの活性値が代入されています。この活性値は活性化関数 φ（とくに活性化関数は指定されていません。閾値関数，双曲線関数，ロジスティック関数または正規化線形関数／ReLU関数のいずれもあり得ます）からの出力である点に注意しましょう。図の右上の3×4行列（3行，4列）にはニューロンの二つの層の間の結合への重みが保存されています。この行列では，各列に，ネットワークの第2層にあるニューロンの一つに流れ込む結合の重みが代入されています。最初の列がニューロンDに対する重み，二番目の列がニューロンEに対する重み，という具合です[3]。　第1層からの1×3ベクトルの活性値に3×4の重み行列を乗じると，1×4のベクトルが結果として得られます。この操作は，ネットワークの第2層にある四つのニューロンに対する重みつき和の計算を行うことと同じことです。つまり，z_D はニューロンDに対する入力の重みつき和の計算結果が入り，z_E はニューロンEに対する重みつき和の計算結果が入り，といった具合です。

　第2層にあるニューロンに対する重みつき和を含む1×4のベクトルを作成するには，活性化ベクトルと行列のそれぞれの列を順番にかけ合わせます。これは，ベクトルの一番目（一番左端）の要素と列の一番目（一番上）の要素をかけ合わせ，次

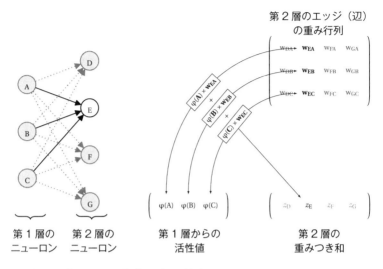

図 3.8　ネットワーク内のある特定のニューロン E，ニューロン E に対する入力の重みつき和を計算する行列とベクトルの積，同じ層内の兄弟ニューロンの間の結合のトポロジーを表す図 [5]。

にベクトルの二番目の要素と列の二番目の行をかけ合わせるという具合に，ベクトルのそれぞれの要素とそれに対応する列の要素がかけ合わされるまでこの手順を繰り返します。ベクトルと列の間のすべての積が計算し終わったら，答えを合計し出力ベクトルに保存します。図3.8は活性値ベクトルと重み行列の二番目の列（ニューロンEへの入力に対する重みが含まれる列）の積と，これらの積の総和を値 z_E として出力ベクトルに保存したものを示しています。

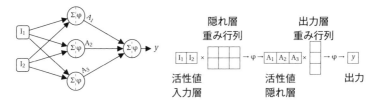

図 3.9　ニューラルネットワークのグラフ表示（左）および
同じネットワークを一連の行列演算として表示したもの（右）[6]

　事実、ニューラルネットワーク全体を通して行われる計算
は、行列積と、その積の結果に対する要素ごとの活性化関数の
適用との、連鎖の形で記述できます。図3.9は、ニューラルネッ
トワークをグラフで記述した場合（左側）、および、一連の行
列演算として記述した場合（右側）の二つを図解したものです。
行列演算としての記述では、xという記号は標準的な行列積を
表しています（前述の通り）。また、→φ→と描かれているのは、
先行する行列積によって作成されたベクトル内のそれぞれの要
素に活性化関数を適用することを意味しています。要素ごとの
活性化関数はベクトルを出力し、そのベクトルの各要素は、あ
る一つの層に対するニューロンの活性値を表しています。二つ
の表示方法の対応関係を分かりやすく示すため、ネットワーク
への入力であるI_1とI_2、三つの隠れユニットからの活性値であ
るA_1、A_2およびA_3、そしてネットワーク全体からの出力値で
あるyを両方の図で示しています。

　ちなみに，行列表示によってネットワークの深さを透視的に見ることができます。つまり，ネットワークの深さは重み行列が関連づけられている層の数を数えれば得られます（言い換えれば，ネットワークの深さはネットワークが必要とする重み行列の数です）。これが，ネットワークの深さを計算する時に入力層を数えない理由です。入力層には関連した重み行列がないためです。

　このように，ニューラルネットワーク内の大部分の計算を一連の行列演算として記述できることは，ディープラーニングの計算上，重要な意味を持ちます。ニューラルネットワークには 100 万個を超すニューロンが含まれる場合もあり，ネットワークの規模が数年のうちに倍増するというのが昨今の傾向です[4]。さらに，深層学習ネットワークは，非常に大規模なデータセットの中から取られたサンプルを用いて繰り返しネットワークを実行してから，ネットワークのパラメーター（重み）を更新し，パフォーマンスが向上するように訓練されます。したがって，深層学習ネットワークの学習には極めて膨大な回数のネットワークの実行が必要となり，それぞれのネットワークの実行で何百万回もの計算が行われることもあります。そのため，ディープラーニングの発展には GPU を使った行列積演算の高速化が非常に重要です。

　GPU とディープラーニングの関係は一方的なものではありません。ディープラーニングによってもたらされた GPU の需要増加は GPU 製造業者に多大な影響を及ぼしました。そのため，製造業者はディープラーニングの出現で事業の見直しを迫

られました。従来，このような企業はコンピューターゲーム市場に特化した事業を展開してきました。GPUチップを開発するそもそもの動機はグラフィックスのレンダリング機能の向上であって，それは当然ながらコンピューターゲームで応用されてきたからです。しかし，近年ではGPUの製造業者も，GPUをディープラーニング用のハードウェアと人工知能へ応用するデバイスとして位置づけることを重視しています。それだけでなく，自社製品が一流のディープラーニングのソフトウェアフレームワークに確実に対応するように，投資を行っています。

まとめ

　本章の主なテーマは，深層学習ネットワークが多数の単純な処理ユニットで構成され，互いに連携しながら大規模なデータセットからの複雑な写像を学習したり，実行したりするということでした。この単純なユニットであるニューロンは，処理を二段階に分けて実行します。はじめに，ニューロンに対する入力の重みつき和を計算します。次に，重みつき和の結果を活性化関数として知られる非線形関数に渡します。ただ一つの行列積演算を用いて，一つの層のニューロン全体に対して，効率的に重みつき和を計算できるという点が重要です。これはニューラルネットワークを一連の行列演算として解釈できることを意味します。またこれによって，行列積を高速で実行し，ネットワークの学習を効率よく行うために最適化されたハードウェア

であるGPUの利用が必要になりました。そして，GPUの発展が，今度は，ネットワークの規模の拡大を可能にしてきている，という循環がおきています。

　ニューラルネットワークの構造上の性質は，どのようにニューラルネットワークが作用するかということに関する非常に基礎的なレベルでの理解が可能であることを意味します。本章は，このレベルでの処理に関する包括的な説明にとくに焦点を当てました。しかし，ニューラルネットワークの構造上の性質は，与えられたタスクを解決するためにはネットワークをどのように構築すべきかということについて多くの疑問も生じさせます。

・ネットワーク内のニューロンにはどの活性化関数を使えばいいか。
・一つのネットワークに何層必要か。
・それぞれの層に何個のニューロンが必要か。
・どのようにニューロンを結合すればいいか。

　などの疑問です。残念なことに，純粋な原理のレベルでは，こういった疑問の多くを解決できません。機械学習の専門用語では，この種の疑問に関する概念はハイパーパラメーターとして知られ，モデルのパラメーターとは区別されます。ニューラルネットワークのパラメーターはエッジ（辺）に対する重みであり，大規模なデータセットを使ったネットワークの学習に

よって決まります。それとは対照的に，ハイパーパラメーターは，モデル自身が持つパラメーター（この場合，ニューラルネットワークのアーキテクチャに関するパラメーター）や，データから直接推定することが不可能な学習アルゴリズムそのものを指します。データから学習するかわりに，モデルを作成する人が，発見的な（ヒューリスティックな）ルールや，直感，試行錯誤を通じて特定する必要があります。多くの場合，深層学習ネットワークの構築に費やされる労力の多くはハイパーパラメーターに関連した疑問に対する答えを見つけるための実験に費やされ，この工程はハイパーパラメーターチューニングとして知られます。次章ではディープラーニングの歴史と進化について考察しながら，主に上述の疑問の多くによって提起される課題や挑戦について論じていきます。そのあとの章では，異なる方法を用いてこのような疑問の答えを出すことで，それぞれ異なる種類のタスクに適した，さまざまな特性を備えたネットワークを構築する方法を探っていきます。たとえば，再帰型ニューラルネットワークはシーケンシャルな時系列データに最適であり，また，畳み込みニューラルネットワークは，本来画像処理のために開発されたネットワークで，基本的に画像データに適しています。しかし，どちらのタイプのネットワークも同じ基本処理ユニットである人工ニューロンを使って構築されます。つまり，ニューロンの配置および構成次第で，ネットワークの挙動や機能に違いが出てくるのです。

第4章

ディープラーニング小史

　ディープラーニングの歴史は，興奮と革新の中に，ときおり，幻滅が混じる三つの時代に分けて説明することができます。図4.1（p.114）はこのディープラーニングの年表を示し，閾値論理ユニット（1940年代初期から1960年代半ば），コネクショニズム（1980年代初期から1990年代半ば）そしてディープラーニング（2000年代半ばから現在）という三つの重要な研究の時代を強調するものです。また図4.1は，上述した三つのそれぞれの時代に開発されたニューラルネットの主な特徴の違いを説明しています。このようなネットワークの特徴の変化から，ディープラーニングの進化の中でいくつかの主題が浮き彫りになります。そのなかには，二進値から連続値への移行，閾値活性化関数からロジスティック関数，双曲線活性化関数，さらにはReLU活性化関数への流れ，単層から複層，そしてディープネットワークへとつながるネットワークの深化を読み

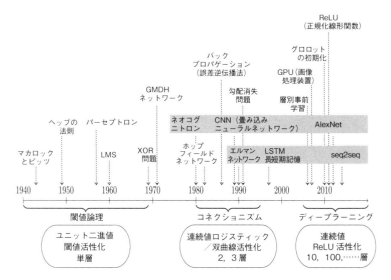

図 4.1　ディープラーニングの歴史

取ることができます。そして最後に，図4.1の上半分はディープ
プラーニングの発展の一助となった重要な概念上の転換，学習
アルゴリズムおよびモデルアーキテクチャのいくつかを示して
います。

　図4.1は本章の構成の図解であり，本章ではおおむね，この
年表に沿う形で一連の概念を紹介します。図4.1中の二つの灰
色の長方形は，畳み込みニューラルネットワーク（CNN）と再
帰型ニューラルネットワーク（RNN）という二つの重要な深層
学習ネットワークアーキテクチャの進化を示しています。本章
ではこの二つのネットワークアーキテクチャの進化について説

明し，第5章ではこれらのネットワークがどのように機能する
のかについて詳細に解説します。

初期の研究：閾値論理ユニット

　ディープラーニングに関する文献の中には，初期のニューラ
ルネットワーク研究をサイバネティックス（人工頭脳学：生物
学的な脳細胞における信号制御や学習を計算機上でモデル化す
る研究分野）の一部として分類しているものもあります。しか
し，ニルソン（1965年）の著書で使われている専門用語に従
い，図4.1ではこの初期の研究を，閾値論理ユニットに関する
研究として分類します。その理由は，この用語を用いることで，
この期間に開発されたシステムの主な特徴を明確に説明できる
ためです。1940年代，50年代および60年代に開発された大
部分のモデルは，ブール値（true/falseを+1/−1または1/0
として記述したもの）を入力として受け取り，ブール値を出力
するタイプのものでした。また，閾値活性化関数（第3章で紹
介）も使われましたが，単層ニューラルネットにのみ使われて
いました。つまり，対象となるニューラルネットは，調整可能
な重み行列を一つだけ持ったものに限られました。このような
初期の研究における主なテーマは，人工ニューロンをベースに
した計算モデルが論理積や論理和などの論理関係を学習する能
力があるかどうかを理解することでした。

　1943年，ウォーレン・マカロックとウォルター・ピッツは，

『神経活動に内在する観念の論理計算』(出典：マカロックおよびピッツ　1943年)という論文で，生体ニューロンの動作を表現した有力な計算モデルを発表しました。論文では，脳内の神経活動の「全てか無か」の特性が注目され，命題論理の計算論法の観点から神経活動の数学的な説明が試みられました。マカロック－ピッツモデルでは，一つのニューロンに対する入力および出力はすべて0または1のいずれかです。さらに，それぞれの入力は興奮性入力(＋1の重みをもつ)または抑制性入力(－1の重みをもつ)のいずれかに該当します。マカロック－ピッツモデルで重要なのは，入力を合計したあと，合計結果に閾値関数を適用するという概念です。興奮性入力の場合は合計結果に1を足し，抑制性入力の場合は合計から1を引きます。合計結果が事前に調整した閾値を上回った場合，ニューロンの出力は1になり，それ以外は出力は0になります。マカロックとピッツは，この単純なモデルを用いて，極めて論理的な演算(結合，分解および反転といった)を表現できることを論文のなかで立証しました。マカロック－ピッツモデルには，第3章で紹介した人工ニューロンの要素の大部分が包まれています。しかし，このモデルではニューロンは固定値でした。つまり，重みと閾値は手動で設定されていたのです。

　1949年，ドナルド・Ｏ・ヘッブは『行動の機構』という著書を出版しました。ヘッブはこの著書のなかで神経心理学理論(心理学と脳生理学を統合した理論)を展開し，一般的な人間

の行動について説明しました。この理論の基本的前提は，人間
の行動はニューロンの動きや相互作用を通じて現れるというも
のでした。ニューラルネットワーク研究の観点で見ると，この
著書で触れられている最も重要な概念は，ニューロン同士の結
合が変化することにより，動物が長期的な記憶を獲得するプロ
セスについて説明するものであり，現在，「ヘッブの法則」と
して知られています。

　　細胞Aの軸索が細胞Bを刺激するのに十分近い距離に
　あり，かつ，細胞Aと細胞Bの発火のタイミングがよく合っ
　ている場合，一方あるいは両方の細胞において何らかの
　成長過程または代謝変化が起こり，細胞Aから細胞Bへ
　信号が伝達する効率が上昇する（出典：ヘッブ　1949年
　p.62）。

　この法則は重要です。ニューロン同士の結合（すなわち，ネッ
トワークの重み）に情報が保存され，さらに，繰り返される活
性化のパターンに基づき結合体を変化させることで学習が実行
される（すなわち，ネットワークの重みを変化させることで
ネットワーク内で学習が実行される）と論じています。

ローゼンブラットのパーセプトロン学習ルール

　ヘッブの著書が出版されてから数年後，数人の研究者らがマ

カロックーピッツモデルのブーリアン閾値活性化ユニットと，入力値に依存して重みを調整するような学習メカニズムを統合した，ニューロン活動の計算モデルを提案しました。そのようなモデルのなかでも最も有名なのが，フランク・ローゼンブラットのパーセプトロンモデルです（出典：ローゼンブラット1958年）。パーセプトロン・モデルは概念上では，閾値活性化ユニットを用いる単体の人工ニューロンで構成されるニューラルネットワークと考えれば，分かりやすいでしょう。重要なのは，パーセプトロンネットワークには単層の重みしか存在しないことです。最初にパーセプトロンが実行されたのは，IBM704システム上でのソフトウェア実装でした（そして，これがおそらく，世界初のニューラルネットワーク実装と考えられます）。しかし，ローゼンブラットはパーセプトロンを物理的な装置として常に意図していたため，のちに「マーク1パーセプロトン」として知られる特注のハードウェアにパーセプトロンを実装しました。マーク1パーセプトロンは400画素の画像を生成する一台のカメラから入力を受け取り，その入力はニューロンにつながっているずらりと並んだ400個の光電セルを介してコンピューターに送られます。また，電位差計として知られる調整可能な抵抗器を使ってニューロンの結合の重みを表現し，電動機を使って重みを調整し，電位差計を調節しました。

　ローゼンブラットは，パーセプトロンの重みを更新するため

の誤差補正学習手順を提案し，パーセプトロンが2クラス分類を学習できるようにしました。ここで2クラス分類とは，パーセプトロンが，$y = +1$を出力すべき入力値と，$y = -1$出力すべき入力値の2つに，正しく分ける事ができるようにすることです。(出典：ローゼンブラット　1960年)。学習アルゴリズムは，入力ベクトル(各要素はブール値)と，その入力に対する正しい出力値が，データとして多数与えられることを想定しています。学習の最初の時点では，パーセプトロンの重みはランダムな値に初期化されています。次に学習用のデータを通じて反復処理によって学習が進みます。それぞれのデータ(サンプル)がネットワークに入力され，パーセプトロンの出力値と，データ内の正解の出力値(目標値)との誤差にもとづき，ネットワークの重みが更新されます。学習用サンプルをネットワークに提示する順番に特に決まりはなく，学習が完了するまで何回でもサンプルが提示されます。一連のサンプルを通じた学習過程はイテレーション(反復)として知られ，パーセプトロンが一つのイテレーションにおいてすべてのサンプルを正しく分類した時点で学習が終了します。

　ローゼンブラットは，一つの学習用サンプルを処理したあとに，パーセプトロンのそれぞれの重みを更新するための学習ルール(パーセプトロン学習ルールとして知られる)を定義しました。重みを更新するためにルール用いる戦略は，第2章で紹介したローン決定モデルの重みを調整するための「三

条件の戦略」と同じです。

1. あるサンプルに対するモデルの出力がデータセット内の正解の出力値と一致する場合，モデルの重みは更新しない。

2. モデルの出力値が低すぎる場合，入力が正ならその重みを増やし，入力が負ならその重みを減らす。その結果モデルの出力値は増えることになる。

3. モデルの出力値が高すぎる場合，入力が正ならその重みを減らし，入力が負ならその重みを増やす。その結果モデルの出力値は減ることになる。

等式であらわすと，ローゼンブラットの学習ルールは以下のように重み i（w_i）を更新します。

$$w_i^{t+1} = w_i^t + (\eta \times (y^t \times \hat{y}^t) \times x_i^t)$$

このルールでは，w_i^{t+1}はサンプルtの処理に応じてネットワークの重みが更新された後の重みiの値，w_i^tはサンプルtの処理中に使われる重みiの値，ηはあらかじめ設定された正定値（後述しますが，学習係数として知られます），y^tは学習データセッ

トに指定されたサンプルtの推定出力，$\hat{y}$はサンプルtのパーセプトロンによって生成される出力，そしてx_i^tはサンプルの処理中にによって重みづけされた入力tの構成要素をそれぞれ表します。

　複雑に思われるかもしれませんが，実際のところパーセプトロン学習ルールは上述した三条件の重み更新戦略を単に数学的に詳述したものにすぎません。理解しなければならない重要な等式の部分は，推定出力と実際にパーセプトロンが予測した値の差異計算，すなわち$y^t - \hat{y}^t$です。このひき算の答えによって，三つの更新条件のうちどの条件に該当するか明らかになります。このひき算がどのように機能するかを理解する上で，パーセプロトンモデルにとって望ましい出力は常に$y = +1$または$y = -1$のいずれかであると覚えておくことが大切です。最初の条件は，$y^t - \hat{y}^t = 0$の場合です。この時パーセプトロンの出力は正しいため，したがって重みは変更されません。

　二番目の重み更新条件は，パーセプトロンの出力が大きすぎる場合です。サンプルtの正しい出力が$y^t = -1$の場合に限り，この条件が発生します。つまりこの条件は$y^t - \hat{y}^t < 0$の時にに発生します。この場合，サンプルtに対するパーセプトロンの出力が$\hat{y}^t = +1$とすると，誤差項は負（$y^t - \hat{y}^t = -2$）になり，重みw_iは$+(\eta \times -2 \times x_i^t)$によって更新されます。分かりやすく説明するために，ηを0.5に設定すると，この重み更新は簡潔に$-x_i^t$と記述することができます。つまり，パーセプトロン

の出力が大きすぎる時，重み更新ルールは重みから入力値を差し引きます。これによって，入力が正の場合，重みが減少し，入力が負の場合，重みが増加します（負の数を引くことは正の数を足すことと同じです）。

　三番目の重み更新条件は，パーセプトロンの出力が小さすぎる場合です。この重み更新条件は，二番目の条件のちょうど真逆です。$y' = +1$ の場合に限り発生するため，$y' - \hat{y}' > 0$ の時に誘発されます。この場合 $(y' - \hat{y}' = 2)$ となり，重みは $+(\eta \times 2 \times x_i')$ によって更新されます。今回も η を 0.5 とすると，この重み更新は簡潔に $+ x_i'$ と記述することができ，パーセプトロンの誤差が正の時と対称的になっています（誤差が正のときは，重みに入力を足すことで重みを更新しました）。つまり，入力が負の場合，重みが減少し，入力が正の場合，重みが増加することになります。

　前の段落で何度か学習係数 η について言及しました。学習係数 η の目的は，重みに適用される更新量の大きさを制御することです。学習係数とは，モデルの訓練前にあらかじめ設定したハイパーパラメーターの一例です。学習係数の設定には，以下のようなトレードオフが存在します。

・学習係数が小さすぎる場合，適切な重みへ収束するまでに，学習プロセスに非常に長い時間がかかる恐れがあります。

・学習係数が大きすぎる場合，ネットワークの重みが重み空間内をあちこち移動するため，学習が収束しない恐れがあります。

　学習係数を設定する一つの戦略は，比較的小さな正の値（たとえば，0.01）に設定することです。別の戦略は大きな値（たとえば，1.0）に初期化し，学習の進捗状況に応じて計画的に縮小することです（例，$\eta^{t+1} = \eta^1 \times \frac{1}{t}$）。

　学習係数に関するこの議論をより具体的にするために，小さなボールを転がして穴に入れるという課題に取り組んでいると想像しましょう。ボールを置いた面を傾けることでボールの方向や速さを制御できるとします。面を急角度に傾けすぎると，ボールは速く移動し，穴を通過してしまう可能性が高くなり，面の傾きの再調整が必要になります。しかし調整しすぎると，面を繰り返し傾け続けなければならなくなります。他方では，面の傾きがたりないと，ボールは微動だにしないか，または，非常にゆっくりと移動し，穴に達するまでに長い時間がかかります。さて，ボールをうまく転がして穴に入れるという課題は，いろいろな意味でネットワークの最適な重みの集合を発見するという問題と共通点があります。ボールを置いた面のそれぞれの点を可能なネットワークの重みの集合と考えてみましょう。それぞれの地点でのボールの位置は，ネットワークの現在の重みの集合にあたります。穴の位置はネットワーク訓練のタスク

に対するネットワークの最適な重みにあたります。この状況において，ネットワークを最適な重みの集合へと誘導することは，ボールを穴へ誘導することと同じです。学習係数によって，最適な重みを探索する際，どのくらいの速度で面を横切って移動すべきかを制御できるようになります。学習係数を高い値に設定すれば，面をすばやく横断できます。つまり，それぞれのイテレーションで重みの更新量が大きくなるため，更新の前後で重みに大きな差が生じます。あるいは，先ほどのボール回転の類比に当てはめると，ボールの回転が非常に速く，ボールがあまりに速く転がって穴を通り過ぎてしまう課題とまったく同じように，あまりに探索のスピードが速すぎると，最適な重みの集合を見逃してしまう可能性があります。逆に，学習係数を低い値に設定すると，非常にゆっくりと面を横断し，それぞれのイテレーションでほんのわずかしか重みが更新されません。言い換えると，ボールは非常にゆっくりと動きます。低い学習係数では，最適な重みの集合を見逃す確率は低くなりますが，最適な重みを入手するまでに尋常ではない長時間を要します。高い学習係数で開始し，徐々に減じていく戦略は，課題の面を急角度に傾けてボールを動かし始めてから，ボールが穴に近づくにつれ傾斜角度を緩やかにして制御する手法に相当します。

　ローゼンブラットは，パーセプトロンが学習用データを全て正確に分類できるような重みが存在する場合，パーセプトロン学習アルゴリズムを使うことにより，その重みへ収束させるこ

とができることを証明しました。この発見はパーセプトロン収束定理として知られています（出典：ローゼンブラット1962年）。しかし，パーセプトロンの学習の難点は，アルゴリズムが収束するまでにデータを通じてかなりの回数のイテレーションが必要になる場合があることです。さらに，多くの問題について，適切な重み，つまり学習用データを全て正確に分類できるような重みが存在するかどうかは，事前にはわかりません。したがって，学習が長時間にわたり続いたとしても，ただ単に重みの収束に時間がかかっているだけでやがて終了するのか，それともこのまま学習が一向に終わらないのか判断がつきません。

最小二乗平均アルゴリズム

　ローゼンブラットがパーセプロトンを考案したのとほぼ同時期に，バーナード・ウィドローとマーシャン・ホフがパーセプトロンによく似たADALINE（ADAptive LINEar（適応的線形）ニューロンの短縮形）と呼ばれるモデルとLMS（最小二乗平均）アルゴリズムと呼ばれる学習ルールを開発しました（出典：ウィドローおよびホフ　1960年）。ADALINEネットワークはパーセプトロンによく似たニューロンで構成されます。唯一の違いは，ADALINEネットワークは閾値関数を用いません。実際，ADALINEネットワークの出力は入力の加重和だけです。そのため，このニューロンは，線形ニューロンとして知

られます。つまり，加重和が（一本の直線を決定する）線形関
数であるため，ADALINE ネットワークも入力から出力を線形
写像します。LMS ルールはパーセプトロン学習ルールとほぼ
同一ですが，サンプル $\hat{y}'$ からのパーセプトロンの出力を入力の
加重和で置き換える点だけが異なります。

$$w_i^{t+1} = w_i^t + \left(\eta \times \left(y^t - \left(\sum_{i=0}^{n} w_i^t \times x_i^t \right) \right) \times x_i^t \right)$$

　LMS 更新ルールの論理はパーセプトロン学習ルールの論理
と同じです。出力値が大きすぎる場合，正の入力値に対して重
みをつけると，それが原因で出力が大きくなるのだから，その
重みを減らす必要があります。一方で，負の入力値に付けた重
みは，より増やす必要があります。そうすれば，次に同じ入力
パターンを受け取った時に，もう少し小さい値を出力すること
ができるようになります。さらに，同じ論理ですが，出力値が
小さすぎる場合，正の入力値に対する重みは増やし，負の入力
値に対する重みは減らす必要があります。

　ウィドローとホフの研究の重要な点は，LMS ルールを用い
てネットワークを訓練し，単なる +1 あるいは − 1 に限らず，
複数の任意の値を予測できることを示した点です。この学習
ルールは最小二乗平均アルゴリズムと名づけられました。なぜ
なら LMS ルールを使ってニューロン内の重みを反復的に調整
することは，学習セットの平均二乗誤差の最小化に相当するた

めです。現在，LMS学習ルールは発案者の名前にちなんでときどきウィドローホフ学習ルールと呼ばれますが，より一般的にはデルタルールと呼ばれます。その理由は，望ましい出力と実際の出力の差（つまり変数の増分：デルタ）を使って重み調整を計算するためです。つまり，LMSルールはADALINEネットワークの出力と望ましい出力の差に比例して重みの更新量を決定します。ニューロンの誤差が大きい場合は大幅に重みを調整し，誤差が小さい場合には少しだけ重みを調整します。

現在，パーセプトロンは世界で最初に実行されたニューラルネットワークであるという理由から，ニューラルネットワークの開発における重要なマイルストーンと認識されています。しかし，学習ニューラルネットワークの最新アルゴリズムはLMSアルゴリズムに類似しています。LMSアルゴリズムはネットワークの平均二乗誤差の最小化を試みます。第6章で解説しますが，厳密にはこの反復的な誤差最小化のプロセスは，誤差面を下に移動する最急降下法を意味します。実は，現在，ほぼすべてのニューラルネットワークは何らかの種類の最急降下法を用いて学習しています。

XOR問題

ローゼンブラット，ウィドローおよびホフらの研究者の成功によってニューラルネットワークモデルがさまざまなパターンセットの違いを自動的に学習できることが証明され，人工知能

入力値が正とすると，
モデルの出力値が大きすぎる場合は
重みを減らしたほうがよく，
モデルの出力値が小さすぎる場合は
重みを増やしたほうがよい。

とニューラルネットワーク研究は大いに活気づきました。しかし，1969年，マービン・ミンスキーとシーモア・パパートがニューラルネットワークの研究紀要として『パーセプトロン』を出版し，いとも簡単にこの初期の興奮と楽観ムードに水を差しました（出典：ミンスキーおよびパパート　1969年）。確かに，1960年代を通じてニューラルネットワーク研究は誇大広告に踊らされ，高い期待に見合うだけの結果を出すことはできなかったことは事実です。とは言うものの，ミンスキーとパパートの著書は，よってニューラルネットワークの表現力に対して極めて悲観的な見解を与え，そのせいでニューラルネットワーク研究関連の財源は枯渇しました。

　ミンスキーとパパートの研究は，主に単層のパーセプトロンに焦点を当てていました。単層パーセプトロンは閾値活性化関数を用いる単一ニューロンと同じことを思い出してください。つまり，単層パーセプトロンは一つの線形（直線）決定境界線を一つだけ引くことを意味します[1]。これは境界線の片側に一つのクラスのすべてのサンプルが集まり，境界線の反対側に別のクラスのすべてのサンプルが集まることを意味します。つまり，単層パーセプトロンは，入力空間を平面で2つにわけることでしか，クラスの違いを表現できないのです。ミンスキーとパパートは，この制限をこの種のモデルの弱点として強調しました。

　ミンスキーとパパートの単層パーセプトロンに対する批判を

理解するためには，まず線形分離関数について理解する必要が
あります。ここではAND関数およびOR関数とXOR関数を
比較することで，線形分離関数の概念を説明します。AND関
数はTRUEまたはFALSEのいずれかの可能性をもつ二つの入
力を選び，両方の入力がTRUEの場合にTRUEを返します。
図4.2の左側のグラフはAND関数の入力空間を示し，TRUE
の出力値（白抜きの丸で図に示される）またはFALSE（黒丸で
図に示される）のいずれかの結果になるものとして，四つの可
能な入力の組み合わせをそれぞれ分類します。このグラフは
AND関数がTRUEを返す入力，すなわち（T,T）と，関数が
FALSEを返す入力すなわち{(F,F), (F,T), (T,F)}との間に一本
の直線を引けることを示します。OR関数はAND関数に似て
いますが，片方または両方の入力がTRUEの場合，OR関数は
TRUEを返す点が異なります。図4.4の中央のグラフは，OR
関数がTRUEとして分類する入力すなわち{（F,T）, (T,F),
(T,T)}とFALSEとして分類する入力（F,F）を隔てる一本の直
線を引けることを示します。関数の入力空間に一本の直線を引
くことで，ある出力のカテゴリーに属する入力と，もう一つの
出力カテゴリーに属する入力とを分割することができるため，
ANDおよびOR関数は線形分離関数です。

　XOR関数もANDおよびOR関数と似た構造をしています
が，入力のうちどちらか一つだけがTRUEの場合にTRUEの
み返します。図4.2の右側のグラフはXOR関数の入力空間を

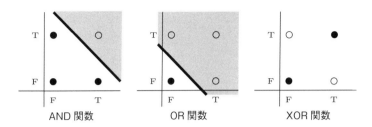

図 4.2　線形分離関数の図解
各図では，黒丸は関数が FALSE を返す入力を示し，白抜きの丸は関数が TRUE
を返す入力を示しています（T は TRUE，F は FALSE）

示し，四つの可能な入力の組み合わせを TRUE（白抜きの丸で
図に表示）または FALSE（黒丸で図に表示）のいずれかを返す
ものとして分類します。このグラフを眺めると，XOR 関数が
TRUE として分類する入力と FALSE として分類する入力の間
に直線を引けないことに気づきます。XOR 関数では一本の直
線で異なるカテゴリーの出力に属する入力を分離することがで
きないため，この関数は非線形分離関数とされます。XOR 関
数が非線形分離であるからといって，この関数が特異，あるい
は珍しいというわけではありません。他にも多くの非線形分離
関数が存在します。

　ミンスキーとパパートの単層パーセプトロンに対する批判の
ポイントは，このような単層モデルが XOR 関数のような非線
形分離関数を学習できないというものでした。この制約の理由
は，パーセプトロンの決定境界線が線形であるため，単層パー

セプトロンが非線形分離関数の一方の出力カテゴリーに属する
入力と他方のカテゴリーに属する入力の違いを学習できないた
めです。

　ミンスキーとパパートの共著が出版された当時，非線形決定
境界線を定義するニューラルネットワークの構築が可能であ
り，従って非線形分離関数（XOR関数など）の学習も可能であ
ることが知られていました。より複雑な（非線形）決定境界線
を作成するためのポイントは，ネットワークを拡大し，多層の
ニューロンを持たせることです。たとえば，図4.3はXOR関
数を実行する2層ネットワークを示します。このネットワーク
では，論理的なTRUEおよびFALSE値が数値に対応づけられ
ます。つまり，FALSE値は0で表示され，TRUE値は1で表
示されます。このネットワークでは，入力の加重和が≧1の場
合，ユニットが活性化します。それ以外，ユニットは0を出力
します。この時，隠れ層内のユニットが論理的なAND関数と
OR関数を実現している点に注意しましょう。今説明したこと
はXORの課題を解決するための中間段階として理解すると分
かりやすいでしょう。このような隠れ層の出力を構成すること
で，出力層内のユニットがXORを実行します。つまり，AND
ノード（節点）がオフ（出力＝0）およびORノードがオンの時
（出力＝1）の時，出力層内のユニットはTRUEを返します。
しかし，当時は多層ネットワークの訓練方法は明確ではありま
せんでした。また，ミンスキーとパパートは著書の巻末で，「著

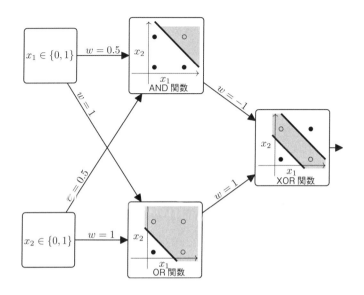

図 4.3　XOR 関数を実行するネットワーク
すべての処理ユニットは閾値≥1 の閾値活性化関数を用います。

者らの考えでは」ニューラルネットワークの多層への拡大に関する研究は「不毛である」と主張しました（出典：ミンスキーおよびパパート　1969年 p.23, 13.2項）。

　いささか皮肉ともいえる予想外の展開のなか，ミンスキーとパパートの著書の出版と同じころ，ウクライナ人の研究者アレクセイ・イワコネンコがグループデータ処理法（GMDH）を提唱し，1971年に発表した論文の中で8層のニューラルネットワークを学習するためのGMDHの活用法について解説しまし

た(出典：イワコネンコ　1971年)。現在，イワコネンコが
1971年に考案したGMDHネットワークは，世界で初めて，
データから深層ネットワークを訓練した研究として評価を受け
ています(出典：シュミットヒューバー　2015年)。しかし，
長年にわたりイワコネンコの業績はニューラルネットワーク界
の主流から多分に冷遇されてきました。現在，学習にGMDH
手法を採用するディープラーニング研究はほとんどありませ
ん。その数年の間にバックプロパゲーション(このあと説明し
ます)をはじめとする他の学習アルゴリムが業界標準になった
ためです。イワコネンコの業績が冷遇されていたころと時を同
じくして，ミンスキーとパパートの批評に説得力があると証明
されたことで，ニューラルネットワーク研究の重要な第一の時
代は終焉を迎えました。

　しかし，ニューラルネットワーク研究時代の第一期は，現在
のこの分野の発展の礎となった遺産を確かに残しました。人工
ニューロンの基本的な内部構造が定義され，入力の加重和が活
性化関数で採用されました。ネットワークの重みの内部に情報
を保存するという概念が開発され，さらに，LMSルールと共
に実践的な学習ルールと並び，反復的な重みの調整にもとづく
学習アルゴリズムが提案されました。とりわけ，ニューロンの
出力と望ましい出力の差に比例してニューロンの重みを調整す
るLMSアプローチは，最近の学習アルゴリズムの多くで採用
されています。最後に，単層のネットワークには限界があると

いう認識が生まれ，さらに，この限界に対処する一つの方法として，ネットワークを多層に拡張すればよいということまで理解が進みました。しかし，その当時，多層ニューロンのネットワークの学習方法は不明瞭なものでした。重みを更新する際には，重みがネットワークの誤差にいかに影響を与えるか理解しなければなりません。例えば，LMSルールでは，ニューロンの出力が大きすぎる場合，正の入力に対して重みを付けると出力をより増加させてしまうため，重みを小さくすることで出力を減少させました。その結果誤差も減少します。しかし，1960年代後半の時点では，ネットワークの隠れ層内のニューロンの出力に対する重みと，ネットワーク全体の誤差とをどう関連付ければよいかという問題が未解決でした。それぞれの重みが全体の誤差にどの程度影響しているかを推定しない限り，ネットワークの隠れ層内の重みを調整することはできません。誤差の量をネットワーク内の構成要素に帰する（すなわち，割り当てる）問題は，貢献度の割り当て問題，または責任の割り当て問題と呼ばれることがあります。

コネクショニズム：多層パーセプトロン

　1980年代に入ると，1960年代後半の批評が不当に厳しかったとして再評価が行われるようになりました。具体的には（1）ホップフィールドネットワークと（2）バックプロパゲーションアルゴリズムが開発されたことによって，この分野は再び活

気づきました。

　1982年，ジョン・ホップフィールドは論文を発表し，連想記憶として機能する可能性のあるネットワークを提案しました（出典：ホップフィールド　1982年）。学習中，連想記憶は一連の入力パターンを学習します。連想記憶ネットワークが学習されると，ネットワークに破損した状態の入力パターンが提示されても，ネットワークは完全に正しいパターンを再生成することができます。連想記憶はパターン完成や誤差補正を含む数々のタスクに有効です。表4.1[2)]は，連想記憶ネットワークを用いた補完，および誤り訂正の例です。対象者の誕生日に関する情報を記憶するように学習されています。ホップフィールドのネットワークでは，記憶，すなわち入力パターンは，二値の配列でエンコードします。さらに，入力パターン同士が比較的それぞれはっきり分かれていると想定すると，ホップフィールドネットワークは入力パターンを最大 $0.138N$ まで記憶できます。ここで，Nは，ネットワーク内のニューロンの数です。つまり，10個の相異なるパターンを保存するにはホップフィールドネットワークでは73個のニューロンが必要であり，14個の相異なるパターンの場合は100個のニューロンが必要です。

バックプロパゲーション（誤差逆伝播法）および勾配消失

　1986年，並列分散処理（PDP）研究グループとして知られる

表 4.1　パターン完成および誤差補正のために連想記憶の使用例の解説

学習パターン	パターン完成
ジョン＊＊　　5月12日	リズ＊＊＊？？？？？　→　リズ＊＊＊2月25日
ケリー＊　　　1月 3日	？？？＊＊＊3月10日　→　デス＊＊＊3月10日
リズ＊＊＊　　2月25日	誤差補正
デス＊＊＊　　3月10日	ケリー＊4月1日　　　→　ケリー＊1月3日
ジョセフ＊　12月13日	ユーセフ＊12月13日　→　ジョセフ＊12月13日

研究者グループが，ニューラルネットワーク研究の概要を2冊の本に編纂し，出版しました（出典：ラメルハートほか　1986年 b., 1986年 c.）。この2冊の書籍は大変な人気を博し，第1巻の第8章はバックプロパゲーションアルゴリズムに関する説明でした（出典：ラメルハートほか　1986年 a.）。それまで何度となくバックプロパゲーションアルゴリズムは考案されてきましたが[3]，PDPが出版し，ラメルハート，ヒントンおよびウィリアムズが執筆したまさにこの第8章によってその使用が普及しました。バックプロパゲーションアルゴリズムは貢献度の割り当て問題にひとつの答えを与えていて，隠れ層を持つニューラルネットワークの学習に用いることができます。バックプロパゲーションアルゴリズムはおそらくディープラーニングにおいて最も重要なアルゴリズムです。しかし，バックプロパゲーションアルゴリズムを明確かつ完全に説明するに

は，まず誤差勾配，次に最急降下法アルゴリズムの概念につい
てそれぞれ説明しなければなりません。したがって，バックプ
ロパゲーションアルゴリズムの詳細については第6章で改め
て，必要な概念から順に解説します。しかし，アルゴリズムの
全体的な構造に関しては割と簡単に説明できます。バックプロ
パゲーションアルゴリズムは，ネットワーク内の結合のそれぞ
れに対し，任意の重みを割り当てることからはじめます。次に，
アルゴリムはネットワークに学習用データを与え，ネットワー
クが予想どおり機能するまで，反復的にネットワークの重みを
更新します。核となるアルゴリズムは二段階で機能します。第
一段階(フォワードパスとして知られます)では，一つの入力
がネットワークに与えられ，出力が生成されるまでネットワー
クを通じてニューロンの活性値が前方向に渡されます。第二段
階(バックワードパスとして知られます)は出力層から開始し，
入力層が達成されるまでネットワークを通じて逆方向に動きま
す。このバックワードパスは出力層の各ニューロンに対する誤
差計算からはじめます。次にこの誤差を用いて，出力ニューロ
ンの重みを更新します。さらに，出力の誤差が，各ニューロン
から，それにつながる隠れニューロンに対して逆向きに分配
(逆伝播)されます。分配される量は，出力のニューロンと隠
れニューロンの間の結合が持つ重みに比例します。隠れニュー
ロンに対しこの分配(つまり，責任の割り当て)が完了すると，
その隠れニューロンに対して負うべき責任の合計が計算され，

この合計がそのニューロンに付加される重みの更新に使われます。次に，まだ負うべき責任が割り当てられていないニューロンに対し責任のバックプロパゲーション（つまり，逆分配）が繰り返されます。すべての重みが更新されるまで，このように責任の割り当てと重みの更新の処理がネットワークを通じて逆向きに伝搬していきます。

　バックプロパゲーションアルゴリズムの実現の鍵となる革新性は，ニューロンに使われる活性化関数の変更にあります。ニューラルネットワーク研究の初期に開発されたネットワークでは，活性化関数に閾値を用いていました。バックプロパゲーションでは，ネットワーク内のニューロンが使う活性化関数は，微分可能である必要があるため，活性化関数が閾値だと機能しません。閾値活性化関数は，関数の出力が閾値で不連続になるため，微分可能ではありません。つまり，閾値で傾きは無限になるので，その時点での関数の勾配を計算することが不可能になります。そういうわけで，多層ニューラルネットワークではロジスティック関数や双曲線関数といった微分可能な活性化関数が使われるようになりました。

　しかし，バックプロパゲーション・アルゴリズムを用いた深層ネットワークの学習には，特有の欠点があります。1980年代に入り，バックプロパゲーションは比較的浅いネットワーク（1層または2層の隠れユニット）ではうまく機能しても，ネットワークが深くなるにつれ，ネットワークの学習に尋常でない

長い時間を費やすか，さもなければ良質な重みへの収束に完全に失敗してしまうことが研究者たちによって明らかになりました。1991年，ゼップ・ホッフライター（ユルゲン・シュミットフーバーの同僚）は卒業論文でこの問題の原因を特定しました（ホッフライター 1991 年）。問題の原因はアルゴリズムが誤差を逆伝播する方法でした。バックプロパゲーションアルゴリズムは，基本的に，微積分における連鎖律をコンピュータ上で実装したものです。連鎖律には項の掛け算が含まれますので，あるニューロンからの誤差が別のニューロンへ逆伝播する際には，誤差に 1 より小さい値を持つ項を掛けることがよくあります。誤差信号がネットワークを通じて逆方向に伝えられるたびに，このように 1 より小さい値の乗算が繰り返し発生します。その結果，ネットワークを通じて誤差信号が逆伝播されるたびに，誤差信号は小さくなっていきます。それどころか，出力層からの距離に関して誤差信号はしばしば指数関数的に減少します。この誤差の縮小の影響で，ネットワーク内の初期層付近の重みの更新量が，1 イテレーションあたりごく少量（またはゼロ）になってしまう，ということがしばしば起きます。言い換えれば，初期層は極めて遅い速度で学習するか，あるいは，出発点からまったく動きません。しかし，ニューラルネットワーク内の初期層は極めて重要でありネットワークの成功を左右します。なぜなら，表現の基礎的な構成単位となるような特徴を検出し学習するのは，初期層内のニューロンであるためです。

後期の層は，初期層が学習した特徴から表現を組み立てて，最終的にネットワークの出力を決定します。第6章で技術的な理由を解説しますが，ネットワークを通じて逆伝播される誤差信号は実際にはネットワーク全体の誤差の勾配です。誤差信号が結果的にゼロに近い値まで急速に減少してしまう，という問題は，勾配消失問題として知られています。

コネクショニズムおよび局所表現と分散表現の比較

　勾配消失問題があるにもかかわらず，バックプロパゲーションによって，より複雑な (深い) ニューラルネットワークアーキテクチャを学習できる可能性が広がりました。これはコネクショニズムの原則と関連があります。コネクショニズムとは，知的行動は多数の単純な処理ユニット間の相互作用から生じるとする概念です。コネクショニズムのもう一つの側面は分散表現という考え方です。ニューラルネットワークがエンコードする「表現」には，局所表現と分散表現の二種類があります。局所表現では概念とニューロンの間に一対一の対応が存在する一方，分散表現では複数のニューロンにまたがった活性化パターンによってそれぞれの概念を表現します。したがって，分散表現では，それぞれの概念は複数のニューロンの活性値の組み合わせによって表現され，一つのニューロンの活性値は複数の概念の表現に対して影響します。

　局所表現と分散表現の違いを説明するため，複数のニューロ

ンの活性値を使って（とくにこれといった理由はありません
が）異なる種類の食べ物が「ない」か「ある」かを表現するとい
う状況を考えてみます。なお，食べ物には原産国と風味という
二つの特徴があるものとします。可能性のある原産国は，「イ
タリア」，「メキシコ」または「フランス」の三か国，そして可
能性のある風味は，「甘い」，「酸っぱい」または「苦い」の三
種類とします。つまり，「イタリア産で甘い」，「イタリア産で
酸っぱい」，「イタリア産で苦い」，「メキシコ産で甘い」など，
全部で九つの種類の食べ物が考えられます。局所表現を用いる
場合，食べ物の種類ごとに一つのニューロンが必要になるので，
合計九つのニューロンが必要です。しかし，これらの食べ物の
分散表現を定義する方法は他にも存在します。アプローチの一
つとして，それぞれの組み合わせに二進数を割り当てる方法が
挙げられます。この表現では四つのニューロンがあれば十分で
す。つまり，活性化パターン0000は「イタリア産で甘い」，
0001は「イタリア産で酸っぱい」，0010は「イタリア産で苦
い」という風に順に割り当てていき，最後の「フランス産で苦
い」に1000を割り当てます。これは極めて簡潔な表現です。
しかし，この表現では単独のニューロンの活性値について，そ
れぞれで独立した意味のある解釈ができません。つまり，一番
右端のニューロンは「イタリア産で酸っぱい」，「メキシコ産で
甘い」，「メキシコ産で苦い」および「フランス産で酸っぱい」
に対して活性化（***1）であり，その他のニューロンが活性化

について分からない状態では，どの原産国や風味が表現されているかを知ることは不可能です。しかし，深層ネットワークでは，ネットワークの出力層のニューロンが，それらの表現を組み合わせることにより，正しい出力を生成できさえすれば，隠れ層の活性値の持つ意味を解釈できなくても問題にはなりません。さらに分かりやすい，食べ物の別の分散表現の方法としては，三つのニューロンを用いて原産国を表現し，三つのニューロンを用いて風味を表現することが挙げられます。この表現では，活性化パターン100100は「イタリア産で甘い」，001100は「フランス産で甘い」，001001は「フランス産で苦い」をそれぞれ表します。この表現では，各ニューロンの活性値はそれぞれ別々に独立して解釈できます。しかし，食べ物を完全に記述（つまり原産国および風味を記述）するためには，全てのニューロンの活性値が必要になります。いずれにせよ，局所表現と比較して，上記の2つの分散表現はよりコンパクトである点に留意してください。このコンパクトさによって，必要となる重みの数を大幅に減らすことができ，結果としてネットワークの学習回数を減らすことができます。

　分散表現の概念はディープラーニングの分野では非常に重要です。実際，ディープラーニングは表現学習と呼ぶほうがより適切であるという意見もあるくらいです。ネットワークの隠れ層内のニューロンは，より後ろの層にとってより使いやすい分散表現を学習しています。つまり，隠れ層の仕事は，ネットワー

クが学習を試みている入力から出力への写像にとって，有効な
中間表現を学習することである，といえます。また，ネットワー
クの出力層の仕事は，このような中間表現をいかに組み合わせ
て望ましい出力を生成するかを学習すること，といえます。こ
こで再びXOR関数を実行する図4.3（p.133）のネットワーク
を考察してみましょう。このネットワーク内の隠れユニットは
入力の中間表現を学習し，これはAND関数およびOR関数で
構成されるものとして理解できます。また，出力層は，この中
間表現を組み合わせ，望ましい出力を生成します。複数の隠れ
層を持つディープネットワークでは，それぞれの隠れ層が，一
つ前の層の出力全体を使って抽象化した表現を学習していると
解釈できます。ディープネットワークがこのように複雑な入力
から出力への写像を学習できるようになるのは，中間表現の学
習を通じた，この順次的な抽出によるものなのです。

ネットワークアーキテクチャ：畳み込みおよび再帰型ニュー
ラルネットワーク

　ニューロンをどのように結合させるかについては数多くの
手法が存在します。いままでのところ，本書で紹介したネッ
トワークは，比較的簡単な結合を持ったものしか出てきていま
せんでした。つまり，ニューロンは層ごとにまとめられ，一つ
の層のそれぞれのニューロンはネットワークの次の層のすべて
のニューロンと直接結合します。ネットワークの結合にループ

分散表現では,
それぞれの概念は複数のニューロンの
活性値の組み合わせによって表現され,
一つのニューロンの活性値は
複数の概念の表現に対して影響します。

が存在しないため，このようなネットワークはフィードフォ
ワードネットワークとして知られています。すなわち，すべて
の結合が入力から出力の方向に向かって流れています。しかも，
それぞれのニューロンが次の層のすべてのニューロンにつな
がっているため，これまで紹介したすべての例は全結合ネッ
トワークであると考えられます。フィードフォワードではな
い，あるいは全結合でないネットワークを設計したり，学習す
ることもできますし，そうすることが有益な場合も多くあり
ます。適切に行えば，ネットワークアーキテクチャをカスタ
マイズするということは，ネットワークがモデル化して学習
を試みている問題の特性を，ネットワークアーキテクチャを
構築するときに情報として埋め込むことであると理解するこ
ともできます。

　ネットワークアーキテクチャをカスタマイズすることでネッ
トワークに専門知識を織り込んだ画期的な成功事例は，画像内
の物体検出を目的とする畳み込みニューラルネットワーク
（CNN）です。1960年代，ヒューベルとウィーセルは猫の視
覚野に関する一連の実験を行いました（出典：ヒューベルおよ
びウィーセル　1962年，1965年）。この実験は鎮静剤を投与
した猫の脳に挿入した電極を使って，異なる視覚的刺激を与え
た際の猫の脳細胞の反応を研究するというものでした。実験に
使われた刺激例には，明るい点や線を視覚野内に出現させたり，
移動させたりすることが含まれました。実験の結果，視覚野の

異なる位置で，異なる刺激に対し，異なる細胞が反応すること
が判明しました。これは要するに，視覚野内の一つの細胞は視
覚野の特定の領域内で起きた特定の種類の視覚刺激に反応する
ように配線されているようであるということを意味します。細
胞が反応した視覚野の領域は，細胞の受容野として知られるこ
とになりました。上述の実験のもう一つの成果は，「単純型」
細胞と「複雑型」細胞という二種類の細胞の識別でした。刺激
の位置がわずかに異なるだけでも細胞の反応が著しく鈍くなる
ため，単純型細胞にとって刺激の位置は極めて重要です。とこ
ろが複雑型細胞は，視覚のどの領域で刺激が起ころうと対象の
刺激に反応します。ヒューベルとウィーセル（1965年）は，複
雑型細胞はすべてが同じ視覚刺激に反応するものの，受容野の
位置が異なる大量の単純型細胞から射影を受け取っているかの
ように振る舞っているという研究成果を発表しました。この単
純型細胞からの出力信号が複雑型細胞へ入力されるという階層
構造によって，単純型細胞の集合を通じて，視覚野の広い範囲
からの刺激が一つの複雑型細胞に漏斗状に集約します。図4.4
（p.148）はこの集約の効果を図解したものです。図に示すよ
うに，単純型細胞の層が，視覚野の異なる位置で，それぞれ受
容野を監視しています。複雑型細胞の受容野は，単純型細胞の
層全体をカバーしていて，受容野内のいずれかの単純型細胞が
活性化すると，この複雑型細胞が活性化します。このようにし
て，視覚野のどの位置で発生しようとも，複雑型細胞が視覚刺

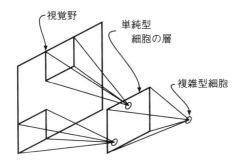

図 4.4　単純型細胞と複雑型細胞の階層構造によって形成される受容野の集約効果

激に反応することができるのです。

　1970 年代後半および 1980 年代前半に，ヒューベルとウィーセルの視覚野分析に触発され，福島邦彦がネオコグニトロンと呼ばれる視覚パターン認識用ニューラルネットワークアーキテクチャを開発しました（出典：福島　1980 年）。ネオコグニトロンの設計は，画像内の位置に関係なく一つの画像中に視覚特徴が出現するとしたら，映像認識ネットワークは認識できるはずである，つまり，もう少し厳密にいうと，ネットワークは空間的に不変な視覚的特徴を検知できるはずであるという考えを基本とします。たとえば，ヒューベルとウィーセルの階層モデルの複雑型細胞が視覚野のどの場所に視覚特徴が出現したとしてもその存在を検出できるのに似たやり方で，顔認識ネットワークは画像内のどの位置に出現しても目の形状を認識できる

はずです。

　福島は，ヒューベルとウィーセルの階層構造における単純型細胞の機能を，次のような仕組みを持った層を持つニューラルネットワークを使えば再現できることに気づきました。それは，層内のすべてのニューロンが同じ重みを持つ一方で，それぞれのニューロンが異なる位置を中心とした小領域（受容野）から入力を受け取る，という仕組みです。重みを共有するニューロンが，空間的に不変な視覚特徴とどう関係するかを理解するために，ある画像の一領域から取り出した画素値の集合を入力として受け取るニューロンについて考えてみましょう。入力画素中にある特定の視覚特徴（パターン）が出現するとき「真」（高活性値）を返し，そうでなければ「偽」を返すような視覚特徴の検出関数が，そのニューロンが画素値に対して持つ重みによって定義されます。したがって，もしすべてのニューロンの集合が同じ重みを持つとしたら，全てのニューロンが同じ視覚特徴検出器を実装することになります。これらのニューロンの受容野が，合わせると画像全体を覆うように構成されていたら，画像中のどの位置に視覚特徴が出現したとしても，少なくともグループ内のニューロンの一つがそれを発見し，活性化します。

　福島は，後層のニューロンが先行層の固定の小領域内の固定ニューロンの集合からの出力を入力として受け取ることで，ヒューベルとウィーセルの（複雑型細胞への）集約効果が実現される点にも気づきました。このようにして，ネットワークの

最終層内のニューロンがそれぞれ全体の入力域を通して入力を受け取り，それによってネットワークは視覚入力のどの位置からでも視覚特徴の存在を特定できるようになります。

　ネオコグニトロンの重みは手動で設定されたり，教師なし学習プロセスを使って設定されました。この学習プロセスでは，あるサンプルがネットワークに提示されるたびに，入力に対して大きい出力をした層の中から，重みを共有する層が一つ選ばれます。選ばれた層内のニューロンの重みが更新されることで，その入力パターンに対する反応が強化されます。一方で，選ばれなかった層のニューロンの重みは更新されません。1989年，ヤン・ルカンが画像処理タスクに特化した畳み込みニューラルネットワーク（CNN）アーキテクチャを開発しました（出典：ルカン　1989年）。CNNアーキテクチャにはネオコグニトロンで発見された設計特徴と多くの共通点があります。が，ルカンはこの種のネットワークに対して，バックプロパゲーションを用いた学習方法を明らかにしたのです。これによりCNNは画像処理やその他のタスクに極めて有効であることが証明されました。とくに有名なCNNはAlexNetネットワークであり，2012年のイメージネット大規模画像認識コンテスト（ILSVRC）で見事優勝しました（出典：クリゼフスキーほか　2012年）。ILSVRC大会のテーマは，写真内の物体を識別することでした。ILSVRC大会におけるAlexNetの成功はCNNへの熱狂を生み，AlexNet以降，その他数々のCNNアー

キテクチャが大会で優勝しました。CNNは最も人気がある
ディープニューラルネットワークの種類の一つであり，第5章
でさらに詳しく解説します。

　再帰型ニューラルネットワーク（RNN）は，ある分野に特有
の特徴に合わせてカスタマイズされたニューラルネットワー
ク・アーキテクチャのもう一つの例です。RNNは言語のよう
なシーケンシャルデータの処理のために設計されています。
RNNネットワークは一続きのデータ（たとえば文章など）を
一度に一入力ずつ処理します。RNNには単層の隠れ層しかあ
りません。しかし，しかし，隠れニューロンからの出力は，出
力ニューロンに向けてフィードフォワードされるだけでなく，
バッファに一時保存された後，次の入力が来たときに，再び隠
れニューロンにフィードバックされます。したがって，ネット
ワークが一つの入力を処理するたびに，隠れ層のニューロンは，
現行の入力と，一つ前の入力に対する隠れ層の出力の，両方を
受け取ります。これを分かりやすく説明するために，ここでは
少し早送りして図5.2（p.189）に話を進め，RNNの構造とネッ
トワークを通じた情報の流れを示すイラストを見てみましょ
う。一つの入力用の隠れ層の出力からの活性化がその次の入力
と共に隠れ層にフィードバックされるというこの再帰型ループ
により，それまで処理してきた過去の入力に照らし合わせなが
ら現在の入力を処理することを可能にするメモリがRNNに備
わりました[4]。　RNNはディープネットワークとみなされま

す。なぜなら，このメモリの機構があることにより，全体とし
て，入力シーケンスの長さと同じだけの層の深さを持つネット
ワークとなるためです。

　初期の有名な RNN はエルマンネットワークです。1990 年，
ジェフリー・ロック・エルマンは論文を発表し，簡単な 2 語お
よび 3 語から成る発話の語尾を予測するように訓練された
RNN を提案しました (出典：エルマン　1990 年)。モデルの
学習は，人工文法を用いて生成された簡単な文からなる人工
データセットによって行われました。23 語の単語からなる語
彙を使って文法が組み立てられ，それぞれの単語が語彙のカテ
ゴリの一つに割り当てられます (男性 (man) ＝名詞 - 人，女性
(woman) ＝名詞 - 人，食べる (eat) ＝動詞 - 食べる，クッキー
(cookie) ＝名詞 - 食品など)。この語彙を用い，15 個の文生成
テンプレートが定義されました (例えば，名詞 - 人＋動詞 - 食べ
る＋名詞 - 食品は，「男性がクッキーを食べる」という文を生成
します)。学習されると，モデルは女性 (woman) ＋食べる (eat)
＋？＝クッキー (cookie) といったように，合理的に文の続き
を生成できるようになりました。さらに，ネットワークが開始
されると，次の 3 文の例文によって示されるように，次の単語
に対する入力としてモデルが自身を生成するという前後関係を
利用し，複数の文で構成される比較的長めの文字列を生成でき
るようになりました。

「少女がパンを食べる　犬がネズミを追い払う　ネズミが
本を動かす」(訳注,実際の生成： girl eat bread dog move
mouse mouse move book)

　この文生成タスクは非常に単純な定義域に適用されました
が，妥当と思われる文を生成するRNNの能力は，明確な文法
ルールを必要としなくても，ニューラルネットワークが言語の
生産能力をモデル化できる証拠として受け止められました。そ
の結果，エルマンの研究は心理言語学と心理学に多大な影響を
与えました。次の1996年のチャーチランドの著書からの引用
では，複数の研究者たちがエルマンの研究の重要性を認めてい
ます。

　　当然，このネットワークの生産能力はごく普通の英語
　話者が自由に操る甚大な能力の脆弱なサブセット (部分
　集合) にすぎない。しかし生産能力があることに変わりは
　なく，疑いなく再帰型ネットワークに備わっている能力
　である。エルマンの驚くべき実証によって，文法規則中
　心のアプローチとネットワークを使ったアプローチの間
　にある溝が埋まるわけではない。解決にはまだ時間がか
　かるだろう。しかし，今や葛藤は五分五分だ。どちらに
　勝負を懸けるべきかは隠すまでもない自明の理である
　(出典：チャーチランド　1996年　p.143)[5]

　RNN はシーケンシャルデータとは相性が良いものの，このようなネットワークにとって勾配消失はとりわけ深刻な問題です。1997 年，1991 年に勾配消失問題を提示した研究者のセップ・ホッフライターとユルゲン・シュミットフーバーは，RNN の抱えるこの問題の解決策として，長短期記憶（LSTM）ユニットを提唱しました（出典：ホッフライターおよびシュミットフーバー　1997 年）。このユニットの名前は，学習を通じたニューラルネットワークの長期記憶（一定期間にわたって学習される概念として理解される）と短期記憶（直接的な刺激に対するシステムの反応として理解される）のエンコード方法の相違点を指摘します。ニューラルネットワークでは，長期記憶はネットワークの重み調整を通じてエンコードされ，学習された後，この重みは変化しません。短期記憶はネットワークを通じて流れる活性値によってネットワーク内でエンコードされ，この活性値は短期間で減衰します。LSTM ユニットは，ネットワーク内の短期記憶（活性値）が一定期間（またはひとつづきの入力）にわたって伝播されるように設計されています。LSTM の内部構造は比較的複雑なため，第 5 章で詳しく解説します。長期間にわたって LSTM が活性値を伝播できることによって，長距離依存（二つまたはそれ以上の位置によって分離される一つのシーケンス内の要素間の相互作用）を含んだシーケンスの処理が可能になります。例えば，「*The **dog/dogs** in that*

*house **is/are** aggressive*」（あの家の犬／犬たちは凶暴だ）という
文では，主語(dog/dogs)と動詞(is/are)の間に依存関係が存
在します。このためLSTMネットワークは言語処理に適して
おり，多年にわたり機械翻訳を含む多くの自然言語処理モデル
向けの標準的なニューラルネットワーク・アーキテクチャとし
ての地位を確立してきました。例えば，2014年に登場したシー
ケンストゥーシーケンス(seq2seq)機械翻訳アーキテクチャ
は二つのLSTMネットワークを順番に接続します（出典：スツ
ケベルほか　2014年）。最初のLSTMネットワークであるエ
ンコーダーは，入力シーケンスを順に一入力ずつ処理していき，
最終的に，入力シーケンス全体に対する分散表現を生成します。
二番目のLSTMネットワークであるデコーダーは，エンコー
ダが生成した分散表現を初期値として用い，順に一要素ずつ出
力シーケンスを生成するように学習します。その際にネット
ワークによって生成された最後の出力値を次の要素にたいする
入力値として再流入させるフィードバックループが用いられま
す。現在，このseq2seqアーキテクチャは最先端の機械翻訳
システムの基礎であり，第5章で詳しく解説します。

　1990年代後半までにディープラーニングの概念的要件の大
半が整備され，その中には多層ネットワークを学習するための
アルゴリズムと，現在でも依然として非常に人気のあるネット
ワーク・アーキテクチャ（CNNおよびRNN）の両方が含まれ
ます。しかし，勾配消滅の問題は依然としてディープネットワー

ク構築において障壁となっていました。また，商業的観点から考えると，1990年代（1960年代同様）はニューラルネットワークに基づく誇大広告と，決して果たされることのない約束を次々に経験した時代でした。同時に，サポートベクターマシン（SVM）の開発など，その他の形式の機械学習モデルの大躍進によって，機械学習の研究コミュニティの関心がニューラルネットワークから大きく逸れました。当時のSVMはニューラルネットワーク・モデルと同程度の精度を実現しながら，学習自体は比較的容易でした。このような要素が重なり合い，ディープラーニングが出現するまでのしばらくの間，ニューラルネットワークの研究は下火になりました。

ディープラーニングの時代

　ディープラーニングという用語が最初に使われた記録は，リナ・デクター（1986年）によるものです。デクターの論文では，この用語はニューラルネットワークに関連する言葉として述べられていません。ニューラルネットワークの文脈でこの用語を初めて用いたのは，アイゼンベルグたち（2000年）だといわれています[6]。　2000年半ばに入るとニューラルネットワークへの関心が高まり，同じ頃，ディープニューラルネットワークを説明するものとしてディープラーニングという用語が有名になりました。ディープラーニングという用語は，過去のネットワークと比較して学習を受けるネットワークがさらに

深くなるという事実を強調するために使われています。

　このニューラルネットワーク研究の新しい時代における初期の成功の一つが，ジェフリー・ヒントンと彼の同僚らが，貪欲的層別事前学習」と呼ばれるプロセスを用いてディープニューラルネットワークの学習が可能であることを立証した事例です。貪欲的層別事前学習は，未加工の入力を直接受け取る単層ニューロンの学習から始めます。この単層ニューロンの学習法は何通りもありますが，一般的な方法の一つとしてオートエンコーダの使用が挙げられます。オートエンコーダとは3層構造，つまり入力層，隠れ（エンコーディング）層および出力（デコーディング）層のニューラルネットワークです。出力層で受け取る入力を再構築するようにネットワークが訓練されます。つまり，ネットワークは入力として受け取ったのとまったく同じ値を出力するように学習します。こうしたネットワークの非常に重要な特性は，単に入力を出力として複製できないようにネットワークが設計されている点です。例えば，隠れ層のニューロンの数を，入力層や出力層のニューロン数と比べて少なくする，などがそれに当たります。オートエンコーダは出力層で入力の再構築を試みようとします。そのため，入力からの情報がこの隠れ層のボトルネックを通過する必要がります。それにより，隠れ層は，入力の最も重要な特性のみを捉えるようなエンコーディングを学習し，重複する情報や余分な情報を無視するようになります[7]。

オートエンコーダを用いた層別事前学習

　層別事前学習では，最初のオートエンコーダが，生の入力データに対するエンコーディングを学習します。それが終わると，エンコーディング層（隠れ層）内のユニットが固定され，出力（デコーディング）層が破棄されます。次に二番目のオートエンコーダを学習します。しかし，このオートエンコーダは，最初のオートエンコーダのエンコーディング層を通過して生成された表現を再構築するように訓練されています。要するに，この二番目のオートエンコーダは最初のオートエンコーダのエンコーディング層の上に積み重ねられています。それぞれのエンコーディング層が後層とは無関係に最適化されるという理由から，このエンコーディング層の重ね上げは「貪欲なプロセス」とみなされます。つまり，それぞれのオートエンコーダはネットワーク全体に対する解を見つけようとする代わりに，直近のタスクに対する最適な解の発見（つまり再構築しなければならないデータに対して，より良いエンコーディングを学習すること）に集中します。

　十分な数[8]のエンコーディング層の学習が終了すると，チューニングの処理が行われます。チューニングの処理では，最終ネットワーク層で，正解となる出力を予測するよう学習します。ネットワークの前層の事前学習とは異なり，最終層のターゲット出力は入力ベクトルではなく，学習用のデータセット内

に含まれている正解値になります。最も単純なチューニングは，事前学習をした層が凍結状態の（すなわち，事前学習をした層の重みがチューニング中に変化しない）場合です。しかし，チューニングの段階で，ネットワーク全体の学習を行うことも可能です。チューニング中にネットワーク全体を学習する場合，層別事前学習は，ネットワーク内の初期層の重みに対して有益な初期値を発見する処理であると理解するのが最も良いでしょう。また，チューニング中に訓練される最終予測モデルがニューラルネットワークである必要もありません。層別事前学習によって生成されたデータ表現を，まったく異なる種類の機械学習アルゴリズム，例えばサポートベクターマシンや最近傍法に対する入力表現として用いることも全く可能です。このシナリオは，最終的な予測タスクが学習される前に，既に，ニューラルネットワークが有益なデータ表現を学習していることを説明する非常にわかりやすい事例です。厳密にいえば，事前学習という用語はオートエンコーダの層別学習のことを指しますが，しばしば層別学習の段階とモデルのチューニングの段階の両方を意味することもあります。

　図4.5（p.160）は，層別事前学習の各段階を示します。左端の図は，三つのユニットのエンコーディング層（黒丸）の学習を行う最初のオートエンコーダの学習を示しています。エンコーディング層は，長さ4の入力ベクトルを再構築するタスクにとって有益な表現を得られるように学習が行われます。図

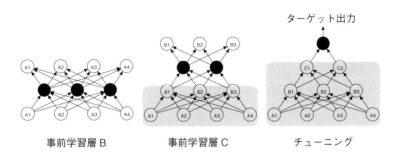

図 4.5　貪欲的層別事前学習における事前学習およびチューニング。 黒丸は，ニューロンの学習が各学習段階での主な対象となるニューロンを示しています。灰色の背景は，各学習段階の間中凍結されるネットワーク内の構成要素の限界を示しています。

4.5 の中央の図は，最初のオートエンコーダのエンコーディング層の上に積み重ねられた二番目のオートエンコーダの学習を示しています。このオートエンコーダでは，二つのユニットの隠れ層が長さ 3 の入力ベクトル（この長さが 3 のベクトルは，元は長さ 4 だったベクトルのエンコーディングの結果得られたものです）のエンコードの学習を試みています。各図の灰色の背景は，この学習段階の間中凍結されるネットワーク内の構成要素を区分しています。右端の図は，最終的な出力層がモデルのターゲット特性予測のために学習されるチューニングの処理を示しています。この例では，チューニング段階におけるネットワーク内の事前学習層は凍結されています。

　ディープネットワークの学習において広く採用された最初の

アプローチであるという理由から，層別事前学習はディープ
ラーニングの進化において重要な役割を果たしました[9]。

　しかし，現在，ディープラーニングネットワークの大半は層
別事前学習を使わずに訓練されます。2000年半ば，研究者た
ちは勾配消失問題は厳密な理論上の限界ではなく，むしろ解決
可能な実践上の障壁であると認識しはじめました。勾配消失問
題により，誤差勾配が完全に消滅するわけではありません。つ
まり，ネットワークの前層を通じて逆伝播される勾配は依然と
して存在しますが，ただ単に非常に小さいだけです。現在，
ディープネットワークの学習を成功に導く上で重要だと判明し
た要因がいくつか存在します。

重みの初期化およびReLU活性化関数

　ディープネットワークの学習の成功を左右する重要な要因
の一つは，どのようにネットワークの重みの初期するか，に
あります。重みの初期値がネットワークの学習にどう影響す
るかを扱う原理は，いまだに解明されていません。しかし，
ディープネットワークの学習に役立つことが経験的に分かっ
ている重み初期化の手順が存在します。ディープネットワー
クの重み初期化の手順には，グロロットの初期化[10]が頻繁に
用いられます。この手法はいくつかの仮説をもとにしていま
すが，それ利用すると良いということは，経験的な成功に裏
づけられています。グロロットの初期化を直感的に理解する

にあたり，なにかの数値の集合があったとして，その集合内の値の大きさと分散には，典型的には，関係があることに注目しましょう。通常，集合内の値が大きくなるにつれて，その集合内の分散も大きくなります。それゆえ，ネットワークのある層を伝播する勾配の分散が，ネットワーク内の別の層を伝播する勾配の分散と似ている場合，これらの両方の層を通じて伝播される勾配の大きさも類似する可能性が高くなります。さらに，層内の勾配の分散は層内の重みの分散と良く関係しているため，ネットワークを通じて勾配の大きさを保つための有効な戦略は，ネットワーク内のそれぞれの層における分散を均一にしてやることです。グロロットの初期化は，フォワードパス時の活性値と，バックワードパス時に伝播される勾配の，両方の点から考えて，ネットワーク内のすべての層が似たような分散を持つよう，重みの初期値を設定する方法です。グロロットの初期化は，そのような目標を達成するための，ヒューリスティックなルールであり，以下のような一様分布を使って，ネットワークの重みをサンプルします。（ここで，w は，初期化しようとしている，層 j と層 $j+i$ の間の結合の重み，$U[-a, a]$ は区間 $(-a, a)$ 上の一様分布，n_j は層 j 内のニューロンの数，記法 $w \sim U$ は w の値が分布 U からサンプルされることを，それぞれ表しています）[11] を使ってヒューリスティックなルールを定義し，ネットワークの重み抽出を必然的に伴うこの目標を達成します。

2000年半ば，研究者たちは
勾配消失問題は
厳密な理論上の限界ではなく，
むしろ解決可能な
実践上の障壁であると
認識しはじめました。

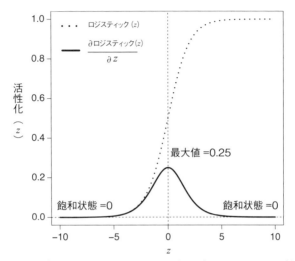

図 4.6　ロジスティック関数およびロジスティック関数の導関数のグラフ

$$w \sim U \left[-\frac{\sqrt{6}}{\sqrt{n_j \times n_{j+1}}} , \frac{\sqrt{6}}{\sqrt{n_j \times n_{j+1}}} \right]$$

　ディープネットワークの学習の成功あるいは失敗を決定づけるもう一つの要因は，ニューロンで使われる活性化関数の選択です。ニューロンを通じた誤差勾配の逆伝播には，伝搬されてきた勾配と，フォワードパス時に記録されたニューロンの活性値での活性化関数の微分値との乗算が含まれます。このかけ算において，ロジスティック活性化関数および双曲線活性化関数の微分値には，勾配消失問題を悪化させる可能性のあるいくつ

かの特性があります。図4.6（p.164）はロジスティック関数お
よびロジスティック関数の導関数のグラフを示しています。導
関数の最大値は0.25です。したがって，ニューロンの適切な
活性化時に誤差勾配とロジスティック関数の導関数の値を乗じ
ると，勾配の最大値は乗算前の勾配の1/4になります。ロジス
ティック関数を用いることのもう一つの問題は，関数の定義域
のうち大部分が，「飽和（0または1に非常に近い値を返す）状
態」になっていることです。こうした領域では，関数の変化は
ほぼゼロになります。したがって，関数の微分値はほぼ0です。
誤差勾配を逆伝播する場合，これは望ましくない性質です。な
ぜなら，このような飽和領域内に活性値を出すニューロンにお
いては，それ通じて逆伝播を行うと，誤差勾配がゼロ（あるい
はゼロの近似値）にならざるを得ないためです。2011年，こ
れらの問題のあるの関数から，正規化線形関数，すなわち$g(x)$
＝最大値$(0,x)$　に変更することで，フィードフォワードの
ディープニューラルネットワークの学習効率が向上することが
示されました（出典：グロロットほか　2011年）。正規化線形
活性化関数を用いるニューロンは，正規化線形ユニット
（ReLU）として知られています。ReLUの利点の一つは，変域
正の場合，活性化関数が線形である点で，そこでは微分値が1
になります。これは正の活性値を持つとき，ReLUを通じて勾
配が容易に流れることを意味します。しかし，ReLUの欠点は
変域が負のときに，関数の勾配がゼロであるため，この部分の

定義域に対しては，ReLUでは訓練が行われないことです。これはたしかに良くないことですが，ReLUからなる層を通じて逆伝播する時，層内の，正の活性化を持つ別のReLUを通じて問題なく勾配が流れるため，必ずしもこれは致命的な欠陥ではありません。さらに，負の側の定義域に勾配を導入する基礎的なReLUのバリエーションがいくつか存在し，一般的に使われるバリエーションは漏洩 (leaky) ReLUです（出典：マースほか　2013年）。現在，ReLU（またはReLUのバリエーション）はディープラーニング研究でもっとも頻繁に使われるニューロンです。

好循環：より効果的なアルゴリズム，ハードウェアの高速化，データの膨大化

　確かに重み初期化手法の改善と新しい活性化関数はディープラーニングの発展に寄与しましたが，近年において，ディープラーニングを牽引する二つの最も重要な要素は，計算能力の高速化とデータの規模の大幅な増加です。計算能力に関する視点から見ると，ディープラーニングの大きな躍進は2000年後半にディープラーニングのコミュニティが，学習を高速化するために画像処理装置（GPU）を利用し始めたことです。ニューラルネットワークは非線形活性化関数を間に挟んだ一連の行列乗算として理解することが可能であり，また，GPUは超高速行列乗算用に最適化されています。したがって，GPUはニューラルネットワークの学習をスピードアップするには理想的なハード

ウェアであり，GPUの利用はこの分野の発展に多大な貢献をもたらしました。2004年，オおよびユングは，ニューラルネットワークにGPUを実装することでパフォーマンスが20倍向上したと報告し（出典：オおよびユング　2004年），翌年にはさらに二つの論文を発表し，ニューラルネットワークの学習の能率を促進するGPUの可能性を実証しました。スタインクラウスたち（2005年）はGPUを使って2層ニューラルネットワークを学習し，チェラピッラたち（2006年）はGPUを用いてCNNを学習しました。しかし，当時はプログラムにネットワークの学習にGPUを用いるには重大な問題があったため（一連のグラフィックス処理として学習アルゴリズムを実装する必要がありました），初期のニューラルネットワーク研究者によるGPU導入の動きは比較的緩慢でした。2007年，GPU製造会社であるNVIDIAがCUDA（並列コンピューティングアーキテクチャ）[12]と呼ばれるC言語に似たGPU用のプログラミングインターフェースを発表し，上述したプログラム上の課題が劇的に改善されました。CUDAは一般的な計算タスクに対してもGPUを用いることが簡単にできるように特別に設計されています。CUDAの発表後数年で，ニューラルネットワークの学習の高速化のためにGPUを利用することは標準的なことになりました。

　しかし，このような優れた性能の計算処理装置を用いたとしても，膨大な量のデータセットが利用できなければディープラーニングは実現できなかったでしょう。インターネットや

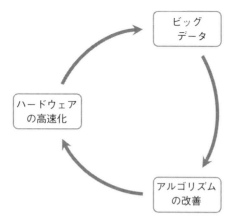

図 4.7　ディープラーニングを牽引する好循環
リージェンほか，2017 年，図 1.2 に着想を得て作図。

ソーシャルメディアプラットフォームの発展，つまりスマート
フォンや「モノのインターネット (IoT)」によるセンサーの急
増は，捉えられるデータ量が過去十年間に信じられない割合で
急増したことを意味します。これによって大規模なデータセッ
トの収集が格段に容易になりました。このデータの増大は
ディープラーニングにとって極めて重要です。なぜなら，ニュー
ラルネットワークモデルはデータが大規模になるほどより性能
を発揮できる性質を持っているためです（さらに言えば，小規
模なデータ処理はそれほど得意ではありません）。また，新し
いアプリケーションやイノベーションの開発を推進する上で，
どうすれば集めたデータを活用できるかということを検討する

契機にもなりました。その結果，そういった新しいアプリケーションを実現するための新しい(より複雑な)計算モデルが必要になりました。さらに，大規模データとより複雑なアルゴリズムの組み合わせが，必要な計算を現実的な時間で終わらせるための，より高速なハードウェアの需要を生み出します。図4.7(p.168)は，ディープラーニング革命を牽引するビッグデータ，アルゴリズムの躍進(重み初期化の改善，ReLUなど)およびハードウェアの性能向上の好循環を示しています。

まとめ

　ディープラーニングの歴史は，いくつもの根本的なテーマを浮き彫りにします。ディープラーニングの歴史には，単純なバイナリ入力から，より複雑な連続値入力への推移があります。ディープラーニングは画像処理や言語といった高次元の領域で最も威力を発揮するため，より複雑な入力への移行の傾向は今後も続くはずです。通常，画像には数千という画素が含まれ，言語処理には数十万の異なる単語を表現したり，処理する能力が必要になります。このような理由から，最もよく知られるディープラーニングの応用例のいくつかは，たとえば，フェイスブックの顔認証ソフトウェアや，グーグルのニューラル機械翻訳システムといった領域で見られます。しかし，大規模で複雑なデジタルデータが収集される新しい分野も増加しています。たとえばヘルスケアは，ここ数年以内にディープラーニングによって大きな影響を受ける可

能性がある分野の一つです。また，他の高度な分野としては，多数のセンサーを用いた，車の自動運転が挙げられます。

　意外なことに，これらの強力なモデルの中核にあるのは単純な情報処理ユニット，つまりニューロンです。有益で複雑な動きは大量の単純処理ユニット間の相互作用から発生するというコネクショニズムの概念は，いまだに通用します。この創発的な動きは，ますます複雑化する特徴を，ネットワーク内の一連の層が，階層的に抽象化するように学習することで起こります。この階層的な抽象化は，それぞれのニューロンが受け取る入力の単純な変換をそれぞれのニューロンが学習することで実現します。また，ネットワーク全体が，このような比較的規模の小さい一連の変換を組み上げて，複雑で（高度な）非線形写像を入力に適用できるようにします。次に，階層的な抽象化を通じて学習された表現に基づき，最後の出力層にあるニューロンが，モデル全体の出力を生成します。ニューラルネットワークにおいて深さが非常に重要な要因であるのはこの理由からです。つまり，ネットワークが深くなればなるほど，複雑な非線形マッピングを学習する能力という観点から，モデルがよりパワフルになります。多くの分野で，入力データと望ましい出力間の関係にはまさにそういった複雑な非線形写像がつきものであり，そういった分野で，ディープラーニングはその他の機械学習アプローチよりも勝れた結果を出します。

　ニューラルネットワークを構築する上で最も重要な設計上の

選択の一つが，どの活性化関数をネットワーク内のニューロン
で用いるか決定することです。ネットワーク内のそれぞれの
ニューロンの活性化関数を決めることは，どのようにして非線
形性をネットワークに採り入れるかということであり，ネット
ワークの使命が入力と出力の非線形写像を学習することである
限り，必要な構成要素です。ネットワークの発展に伴い，ネッ
トワーク内で使われる活性化関数も発展しました。ディープ
ラーニングの歴史においては，しばしば，誤差勾配の伝搬にとっ
て適切な特性を備えた関数が必要となり，それに応じる形で，
新しい活性化関数が出現してきました。たとえば，閾値活性化
関数からロジスティックおよび双曲線活性化関数に推移した主
な原因は，バックプロパゲーションを適用するために微分可能
な関数が必要となったためでした。同様に，より最近のReLU
への移行は，誤差勾配がネットワーク内でうまく流れるように
改善する必要に駆られたため起こりました。活性化関数に関す
る研究は現在も継続中です。今後数年のうちに新しい関数が開
発され，導入されることが予想されます。

　ニューラルネットワークを構築する際のもう一つの重要な設
計上の選択は，ネットワークの構造に関するものです。たとえ
ば，どのようにネットワーク内のニューロンを結合すべきで
しょうか？次章では，この疑問へのまったく異なる二つの解答，
畳み込みニューラルネットワークと再帰型ニューラルネット
ワークについて解説します。

第5章

畳み込みニューラルネットワークと再帰型ニューラルネットワーク

ネットワークの構造をタスクドメインのデータの特性に合わせてカスタマイズすると，ネットワークの学習時間が短縮され，ネットワークの精度が向上します。（すべての層を完全に結合するかわりに）隣接する層間のニューロンの結合を制限しサブセットとしてまとめたり，ニューロンに強制的に重みを共有させたり，ネットワークに逆向きの結合を導入するなど，カスタマイズをする方法は何通りもあります。このようなカスタマイズをすることで，ネットワークに専門知識が組み込まれます。別の観点からいえば，学習できる関数を絞り込むことでネットワークの学習を支援し，有益な解決策を見いだせるようにしているとも考えられます。ドメインに最適なネットワークを構築する方法を常に明確に特定できるとは限りませんが，データが非常に規則的に構造化されている（テキストのような連続データ，または画像のようなグリッド状データなど）特定の種類の

ドメインについては，その効果がすでに証明されている有名な
ネットワークアーキテクチャが存在します。本章では畳み込み
ニューラルネットワークと再帰型ニューラルネットワークとい
う最も一般的な二つの深層学習アーキテクチャを紹介します。

畳み込みニューラルネットワーク

　畳み込みニューラルネットワーク（CNN）は画像認識のた
めに考案され，当初は手書きの数字の認識に用いられていまし
た（出典：福島 1980年，ルカン 1989年）。畳み込みニューラ
ルネットワークは基本的に，ネットワークの前方の層のニュー
ロンが局所的な視覚的特徴を抽出し，後方の層のニューロンが
そのような特徴を組み合わせ高次元の特徴データを生成するよ
う設計されました。局所的な視覚的特徴とは，画像内の小さな
区画の範囲，つまり隣り合う画素の集合のみに限った特徴です。
たとえば，顔認証タスクに用いられる場合，畳み込みニューラ
ルネットワークの前方の層のニューロンが単純な局所的特徴
（特定の角度の直線，曲線の一部など）に応じた活性値を学習
し，ネットワークの深い位置にあるニューロンがこのような低
次元の特徴と顔の部位（目や鼻など）を表現する特徴を統合し，
さらにネットワークの最後の層のニューロンが画像の顔全体を
識別できるようにするために体の部位の活性値を統合します。

　このアプローチにしたがうと，画像認識の基本的なタスクは，
画像内の局所的な視覚的特徴があるかないかを確実に特定でき

る特徴検出関数を学習することになります。関数学習はニューラルネットワークの中核であり，ネットワーク内の結合体への適切な重みの集合を学習することによって可能になります。畳み込みニューラルネットワークはこのような方法で局所的な視覚的特徴の特徴検出関数を学習します。これを踏まえて，ネットワークが画像内の局所的な視覚的特徴を，その出現場所にかかわらず識別できるよう，ネットワークのアーキテクチャを設計する必要が生じます。つまり，特徴検出関数は並進不変的な方法で機能する必要があります。たとえば，顔認証システムは目が画像の中央，右上のどこにあろうと，画像内の目の形状と認識できなければなりません。1989年にヤン・ルカンが以下のように述べている通り，画像処理のための畳み込みニューラルネットワークを設計する際は，この並進不変性が重要な原則となります。

　　特定の特徴をもつインスタンスを検出できる一連の特徴検出器を，入力領域のあらゆる場所に備えておくことは，有益と思われる。ある特徴が正確な位置にあるかどうかは，分類とは直接関係ないため，このプロセスにおいて位置情報をいくらか犠牲にしても問題はない。(出典：ルカン 1989年，p.14)

畳み込みニューラルネットワークはニューロン間の重み共有

を利用して，この局所的な視覚的特徴検出の並進不変性を実現します。画像認識設定では，ニューロンによって実行される関数を視覚的特徴検出器と考えることができます。たとえば，ネットワークの最初の隠れ層のニューロンは画素値の集合を入力として受け取り，この画素集合内に特定のパターン（局所的な視覚的特徴）が見られる場合に高活性値を出力します。ニューロンが使用する重みによってニューロンが実行する関数が定義されるということは，二つのニューロンが同じ重みの集合を使う場合，両方とも同じ関数（特徴検出器）を実行することを意味します。第4章では，受容野の概念を紹介し，ニューロンがそこからニューロンの入力を受け取る領域について説明しました。同じ重みを共有する二つのニューロンが異なる受容野をもつ（つまり，それぞれのニューロンが異なる入力領域を点検する）場合，受容野のいずれかに特徴が出現するとすれば，その二つのニューロンは活性化する特徴検出器として共に機能します。したがって，（1）それぞれのニューロンが画像の異なる部分を点検し，（2）一緒になってニューロンの受容野が画像全体に及ぶよう同じ重みを共有するようにニューロンの集合を構築することで，並進不変性の特徴検出機能を備えたネットワークの設計が可能になります。

　畳み込みニューラルネットワークが画像の局所的な特徴を検索する方法を説明する際に，照射範囲の狭い懐中電灯を使って暗い室内の画像を検索するというシナリオが用いられることが

あります。一瞬ごとに画像の領域に懐中電灯を向け，該当する局所領域を点検するというこの方法では，懐中電灯によって照らされたそれぞれの画像の領域は一つのニューロンの受容野に相当し，ある位置に懐中電灯に向けることは特徴検出関数を該当する局所領域に適用することに相当します。しかし，画像全体を確実に点検したいと望むのであれば，懐中電灯の向きについてもう少し系統だったアプローチをとる必要があります。たとえば，まずはじめに懐中電灯を画像の左上に向け，その領域から点検を始めます。次に，画像の反対側である右側に懐中電灯を移動し，画像の右側に達するまで，光に照らされて画像が視界に入るにつれ，新しい位置をそれぞれ確認します。次に懐中電灯を戻し画像の左側に向けますが，最初の位置の少し下のあたりを照らし，再び画像の上に懐中電灯を動かします。画像の右下の端に達するまで，この作業を繰り返します。画像の全域にわたって順次検索し，検索するそれぞれの位置で同じ関数を局所（懐中電灯で照らされた）領域に適用するプロセスは，根本的に，画像全域に関数を畳み込むことと同じです。畳み込みニューラルネットワークの範疇では，この画像全域にわたる順次的な検索は，重みを共有し，その受容野の結合によって全体的な画像に及ぶニューロンの集合を使用して実行されます。

図5.1（p.184）は畳み込みニューラルネットワークによく見られるそれぞれの段階の処理を示しています。図の左端の6×6の行列は畳み込みニューラルネットワークへの入力である画

像を表します。入力のすぐ右の 4×4 の行列は，ある特定の局
所特徴の存在を確認するために画像全体を一緒に検索する一層
のニューロンです。この層内の各ニューロンは画像内の異なる
3×3 の受容野（領域）に結合し，入力に対しすべて同じ重み
を適用します。すなわち，以下のようになります。

$$\begin{bmatrix} w_0 & w_1 & w_2 \\ w_3 & w_4 & w_5 \\ w_6 & w_7 & w_8 \end{bmatrix}$$

　この層のニューロン [0,0]（左上）の受容野は，入力画像の左
上の 3×3 の領域の灰色の正方形です。この灰色の領域内のそ
れぞれの位置を起点とする点線の矢印は，ニューロン [0,0] へ
の出力を表しており，隣のニューロン [0,1] の受容野は，入力
画像内の太枠で囲まれた 3×3 の四角形で示されています。こ
れらの二つのニューロンの受容野が部分的に重なっている点に
注目しましょう。受容野の部分的な重複量は，ストライド長と
呼ばれるハイパーパラメーターによって制御されます。この例
では，ストライド長は 1 であり，層内で移動したそれぞれの位
置に対しニューロンの受容野が入力と同じ量だけ転換されるこ
とを意味します。ストライド長ハイパーパラメーターの値が増
加すると，受容野間の重複量が減少します。
　上記のニューロンの両方（[0,0] および [0,1]）の受容野は画

素値の行列であり，これらのニューロンが用いる重みも行列で
す。コンピュータービジョンの分野では，入力に適用される重
みの行列はカーネル (または畳み込みマスク) として知られま
す。画像全体に渡ってカーネルを動かし，それぞれの局所領域
で入力に重みづけをし，結果を局所的に隣り合う入力に足し込
む演算は，畳み込みとして知られます。畳み込み演算には非線
形活性化関数は含まれません (これは処理ののちの段階で適用
されます)。カーネルは畳み込み内のすべてのニューロンが実
行する特徴検出関数を定義します。画像全域へカーネルの畳み
込みをするということは，画像全域に局所的な視覚的特徴検出
器を渡し，特徴が出現した画像内のすべての位置を記録するこ
とを意味します。この処理から得られる出力は，適切な視覚的
特徴が発生した画像内のすべての位置の写像です。このため，
畳み込みプロセスの出力は特徴写像と呼ばれることがありま
す。先ほど述べたように，畳み込み演算には非線形活性化関数
は含まれません (入力の重みつき和のみ実行されます)。標準
的には，特徴写像には非線形演算を適用します。やり方として
は，特徴写像内のそれぞれの位置に正規化線形関数を適用する
ことが多いようです。正規化線形活性化関数 (rectifier) は，
$\text{rectifier}(z) = \max(0, z)$ として定義されます。特徴写像全体
に正規化線形活性化関数を渡すだけで，すべての負の値が0に変
わります。図5.1 (p.184) では，特徴写像のそれぞれ要素に正規
化線形活性化関数を適用することで特徴写像を更新するプロセ

スが，「非線形性」とラベルづけされた層に示されています。

このセクションの冒頭で取り上げたヤン・ルカンの著書からの引用では，画像内の特徴が正確な位置にあるかどうかは，画像処理タスクにおいてはそれほど重要でない場合もあることが指摘されています。これを踏まえ，畳み込みニューラルネットワークでは位置情報を無視し，画像分類を実行するネットワークの汎化能力を重視することもよくあります。典型的には，これはプーリング層を使って更新された特徴写像をダウンサンプリングすることで実行されます。入力空間を通じて同じ関数を繰り返し適用する作業がプーリング層で行われるという点においては，ある意味，プーリングは上述した畳み込み演算に似ています。多くの場合，プーリングの入力空間は正規化線形関数を使用して要素を更新した特徴写像となります。さらに，それぞれのプーリング演算の受容野は入力空間上にある，プーリング層では受容野が重複しない場合もあります。いくつかの異なるプーリング関数が使われる中で，最も一般的なものはMaxプーリングと呼ばれ，すべての入力に対する最大値を返します。また，入力の平均値をプーリング関数として用いることもあります。

特徴写像に畳み込みを適用し，続いて非線形関数，そしてプーリングを用いたダウンサンプリングを適用する一連の演算は，多くの畳み込みニューラルネットワークで標準となっています。これらの三つの演算を一緒に用いるとネットワーク内の畳

み込み層を定義できる場合も多く，図5.1（p.184）にその手順
が示されています。

　畳み込み演算が画像全体を動くということは，関数（共有
カーネルによって定義される）が検出する視覚的特徴（画素パ
ターン）が画像のどこかに出現した場合に特徴写像（さらに
プーリングが使われる場合はプーリング層からの後続出力内）
に記録されることを意味します。これが，畳み込みニューラル
ネットワークが並進不変的な視覚的特徴検出を支援する方法で
すが，一つの畳み込みでは一つの種類の特徴しか識別できませ
ん。畳み込みニューラルネットワークは複数の畳み込み層（つ
まりフィルター）の学習を並行して行うことで，一つの特徴と
いう枠組みを超えて汎化します。そこでは，それぞれのフィル
ターが一つのカーネル行列（特徴検出関数）を学習します。図
5.1で，畳み込み層が一つのフィルターとなっている点に注目
しましょう。複数のフィルターからの出力は，さまざまな方法
で統合できます。複数のフィルターからの情報を統合する一つ
の方法は，分散したフィルターによって生成される特徴写像を
選び出し，単一のマルチフィルター特徴写像として結合するこ
とです。後続の畳み込み層は，このマルチフィルター特徴写像
を入力とします。複数のフィルターからの情報を統合するもう
一つの方法として，稠密に結合したニューロンの層を用いるこ
ともできます。図5.1の最後の層は稠密層の図解です。この稠
密層は，完全に結合されたフィードフォワードネットワーク内

画像全域へカーネルの畳み込みを
するということは，
画像全域に局所的な
視覚的特徴検出器を渡し，
特徴が出現した画像内の
すべての位置を記録することを
意味します。

の標準的な層とまったく同じように機能します。稠密層内のそ
れぞれのニューロンはそれぞれのフィルターから出力されるす
べての要素と結合し，そのニューロン独自の一連の重みを学習
して，入力に適用します。つまり，稠密層では，それぞれのニュー
ロンが別の方法で学習し，複数のフィルターから情報を統合で
きるのです。

　2012年のイメージネット大規模視覚認識コンテスト
（ILSVRC）で優勝したAlexNet CNNは，5層の畳み込み層
のあとに続く3層の稠密層で構成されるネッワークでした。一
つ目の畳み込み層には，ReLU非線形活性化関数とプーリング
を含む，96の異なるカーネル（つまりフィルター）が配置され
ていました。二つ目の畳み込み層には，同じくReLU非線形活
性化関数とプーリングを含む，256のカーネルが配置されてい
ました。三つ目，四つ目，五つ目の畳み込み層には非線形活性
化関数もプーリングも含まれず，それぞれ384，384および
256のカーネルが配置され，五つ目の畳み込み層のあと，ネッ
トワークにはそれぞれ4096のカーネルを含む3層の稠密層が
ありました。合計するとAlexNetは6,000万個の重みと
650,000個のニューロンで構成されます。重みが6,000万個と
いうと，かなり多いように感じられるかもしれませんが，大多
数のニューロンが重みを共有するため，実際にはネットワーク
内の重みの数はもっと少なくなります。このように重みの数を
減らせることが，畳み込みニューラルネットワークの利点の一

183

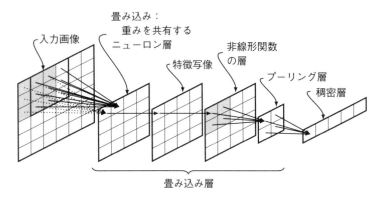

図 5.1 畳み込み層内において実行される複数の段階の処理の図解

この図では画像と特徴写像はデータ構造, その他の段階はデータ操作を示している。

つです。2015 年, マイクロソフトリサーチは ResNet という畳み込みニューラルネットワークを開発し, ResNet は 2015 年の ILSVRC で優勝しました (出典：ヒーほか　2016 年)。ResNet のアーキテクチャはスキップ接続を用いて標準的な畳み込みニューラルネットワークアーキテクチャを拡張しています。スキップ接続はネットワーク内の一つの層から出力を選び出し, ネットワーク内のかなり深いところに存在する可能性のある層に直接送り込みます。スキップ接続を用いると, 非常に深いネットワークの学習が可能です。実際, マイクロソフトリサーチが開発した ResNet モデルの深さは 152 層でした。

再帰型ニューラルネットワーク（RNN）

　再帰型ニューラルネットワーク（RNN）は系列データの処理に適しています。再帰型ニューラルネットワークは一度に一つずつシーケンス内のそれぞれの要素を処理することで，連続するデータを処理します。再帰型ニューラルネットワークの隠れ層は一つしかありませんが，一つの入力から隠れ層を通して得た出力をメモリバッファに保存し，シーケンスからの次の入力と一緒に隠れ層にフィードバックします。この循環的な情報の流れは，さらにその一つ前の入力を処理することで生成された文脈を使ってネットワークが入力を処理し，入力も，それ以前の入力の文脈にもとづき順次処理されてきたことを意味します。このようにして，再帰型ループを通じて流れこむ情報はシーケンス内の先行する入力のすべてから（潜在的に）得られる文脈情報をエンコードします。これによってネットワークは過去にシーケンス内に見られた記憶を維持し，現在の入力をどう処理すべきかの決定に役立てることができます。記憶ベクトルが順方向に伝播され，シーケンス内のそれぞれの入力を通じて展開されることで，再帰型ニューラルネットワークの深さが生じます。結果的に，シーケンスが長いという理由から再帰型ニューラルネットワークは「深い」とみなされます。

　図5.2（p.189）は再帰型ニューラルネットワークのアーキテクチャを示し，シーケンスを処理するたびにどのように情報がネットワークを流れるかを説明しています。それぞれの時間ス

テップで，この図のネットワークは二つの要素を入力として含むベクトルを受け取ります。図5.2（p.189）の左のフロー図（時間ステップ＝1.0）は，シーケンス内の最初の入力を受ける際のネットワーク内の情報の流れを示しています。この入力ベクトルは，ネットワークの隠れ層内の三つのニューロンにフィードフォワードされます。同時に，これらのニューロンはメモリバッファに保存されたすべての情報を受け取ります。これが最初の入力であるため，メモリバッファにはデフォルトの初期値しか含まれていません。隠れ層内のそれぞれのニューロンが入力を処理し，活性値を生成します。図5.2の中央のフロー図（時間ステップ＝1.5）は，この活性値がネットワーク内をどのように流れていくかを示すものです。それぞれのニューロンの活性値は出力層に渡され，そこでネットワークの出力を生成するために処理され，同時にメモリバッファにも保存されます（それより以前に保存されていた情報はすべて上書きされます）。メモリバッファのエレメントは書き込まれた情報を単に保存するだけで，変更は加えません。したがって，隠れユニットからバッファに移動するエッジには重みがありません。しかし，メモリバッファ・ユニットの重みから隠れ層内のニューロンの重みまで，ネットワークの他のすべてのエッジには重みがつけられています。時間ステップ2では，ネットワークはシーケンスからの次の入力を受け取り，これはバッファに保存された情報と一緒に隠れ層のニューロンに渡されます。この時，バッ

ファには最初の入力に反応して隠れニューロンによって生成された活性値が入っています。

　図5.3（p.189）は連続する入力 $[X_1, X_2, \cdots X_t]$ を処理するにつれて，時間の経過とともに展開する再帰型ニューラルネットワークを示しています。図内のそれぞれの四角形はニューロンの層，「h_0」とラベルづけされた四角形は初期設定時のネットワークのメモリバッファの状態を表します。$[h_1, \cdots h_t]$ とラベルづけされた四角形はそれぞれの時間ステップの隠れ層です。$[Y_1, \cdots Y_t]$ とラベルづけされた四角形はそれぞれの時間ステップでのネットワークの出力層，矢印は，一つの層ともう一つの層の間の結合を表します。たとえば，X_1 から h_1 に向かう縦の矢印は時間ステップ1での入力層と隠れ層の間の結合を意味し，隠れ層をつなぐ横の矢印は，はじめのタイムステップで，隠れ層からの活性値はメモリバッファ（図には示されていません）へ保存され，次のタイムステップで，メモリバッファから隠れ層への結合を通して，活性値が隠れ層に伝播する様子を示しています。それぞれの時間ステップでは，シーケンスからの入力がネットワークに入力され，隠れ層にフィードフォワードされます。隠れ層は出力層に伝達される活性値のベクトルを生成し，隠れ層をつなぐ横の矢印に沿って次の時間ステップにも順方向に伝播されます。

　再帰型ニューラルネットワークは連続する入力を処理できるものの，勾配消滅の問題を扱うのは苦手です。その理由は，再

記憶ベクトルが順方向に伝播され，
シーケンス内のそれぞれの入力を
通じて展開されることで，
再帰型ニューラルネットワークに
深みが生じます。
結果的に，シーケンスが
長いという理由から
再帰型ニューラルネットワークは
「深い」とみなされます。

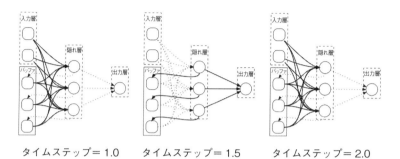

タイムステップ＝1.0　　タイムステップ＝1.5　　タイムステップ＝2.0

図5.2　再帰型ニューラルネットワークが連続する入力を処理する際の再帰型ニューラルネットワーク内の情報の流れ

太字の矢印はそれぞれのタイムステップでの情報の流れを表す活性経路，点線の矢印はその時点で不活性である結合を示しています。

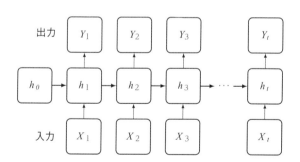

図5.3　連続する入力 $[X_1, X_2, \cdots X_t]$ を処理するにつれて時間の経過とともに展開する再帰型ニューラルネットワーク

帰型ニューラルネットワークが学習を通じて連続する入力を処理できるようになるには，シーケンスの全体の長さを通じて誤差を逆伝播しなければならないためです。たとえば，図5.3（p.189）のネットワークでは，出力 Y で計算された誤差をネットワーク全体に逆伝播し，それによって h から X_1，h_1 に至る結合の重み更新に使えるようにする必要があります。これにはすべての隠れ層におよぶ誤差の逆伝播が必然的に伴い，誤差に一つの隠れ層から次の隠れ層に活性値をフィードフォワード（順伝播）する結合の重みを順番に繰り返しかけ算する作業が伴います。この処理に特有の問題は，隠れ層間のすべての結合に同じ重みの集合が用いられる点です。つまり，横の矢印がそれぞれメモリバッファと隠れ層の間の結合を示しており，これらの結合の重みは時間が経過しても変わりません（結合の重みは一つのタイムステップから次のタイムステップへと伝播しても，一連の入力の処理の間は変わりません）。したがって，k 個のタイムステップを通じて誤差を逆伝播するということは，誤差勾配を計算するのに，同じ重みを k 回かけ算（ほかのかけ算も含まれますが）するということです。これは，それぞれの誤差勾配に k の累乗まで引き上げた重みをかけ算することに相当します。重みが1より小さい場合に累乗まで引き上げられると，指数関数的割合で減少し，したがって，誤差勾配もシーケンスの長さという点で指数関数的に減少する傾向があり，やがて消滅します。

　長短期記憶（LSTM）ネットワークは，再帰型ニューラルネッ

トワーク内のバックプロパゲーション中に繰り返される同じ重みベクトルのかけ算を除去することで勾配消失の影響を軽減するように設計されています。LSTM[1]ユニットの中核はセルと呼ばれるコンポーネントです。セルは活性値（短期記憶）が保存され，順方向に伝播される場所です。実際，多くの場合，セルは活性値のベクトルを維持します。時の経過とともに，セル内の活性値の伝播はそれぞれ忘却ゲート，入力ゲートおよび出力ゲートと呼ばれる三つのコンポーネントによって制御されます。忘却ゲートは，それぞれの時間ステップでセル内のどの活性値を忘れるべきかを決定し，入力ゲートは新しい入力に応じてセル内の活性値をどのように更新すべきかを制御し，出力ゲートは現在の入力に応じてどの活性値を使用して出力を生成するかを制御します。それぞれのゲートは，セルの形態をとり，一つの活性値につき層内に一つのニューロンが存在する標準的なニューロン層で構成されます。

　図5.4（p.193）はLSTMセルの内部構造を示したものです。この図のそれぞれの矢印は活性値のベクトルを表しています。セルは図の一番上からはじまり，左（c_{t-1}）から右（c_t）に進みます。セル内の活性値は−1から+1までの範囲の値を取ります。単一の入力処理を通過する際，まず入力ベクトルx_tが先行する時間ステップh_{t-1}から順方向に伝播されてきた隠れベクトルと連結されます。ゲートの処理について，左から右に作業を進めていくと，忘却ゲートは入力と隠れベクトルを連結したあと，

シグモイド（ロジスティックとしても知られる）[2]活性化関数
を用いるニューロンの層にこのベクトルを渡します。忘却層内
のニューロンがシグモイド活性化関数を使うと，この忘却層の
出力は0から1の範囲の値をもつベクトルになります。次にセ
ルにこの忘却ベクトルをかけ算します。このかけ算の結果，ゼ
ロの近似値をもつ忘却ベクトル内のコンポーネントをかけ算さ
れたセル内の活性値が忘れられ，1の近似値をもつ忘却ベクト
ルのコンポーネントをかけ算した活性値が記憶されます。実質
的に，セルとシグモイド層の出力のかけ算がセルのフィルター
として機能します。

　次に，入力ゲートはどの情報をセルに付加すべきかを決定し
ます。この段階における処理は，「入力」とラベルづけされた
図5.4の中央の四角内のコンポーネントによって実行されま
す。この処理は二つの段階から成ります。まず最初に，ゲート
はセルのどのコンポーネントを更新すべきか決定し，次にどの
情報が更新に含まれるべきか決定します。セル内のどのコン
ポーネントを更新すべきかに関する決定は，忘却ゲートと同様
のフィルターの仕組みで実行されます。つまり，連鎖した入力
x_tに隠れh_{t-1}を加えたものがシグモイドユニットの層に渡され，
ベクトル内のそれぞれのエレメントが0から1の範囲で，セル
と同じ長さのベクトルを生成します。近似値0は対応するセル
のエレメントが更新されず，1の近似値は対応するセルのエレ
メントが更新されることを意味します。フィルターのベクトル

が生成されると同時に，連鎖した入力と隠れ状態も双曲線正接
ユニットの層（つまり，双曲線活性化関数を用いるニューロン）
に渡されます。繰り返しになりますが，LSTMセル内のそれぞ
れの活性値に対し，一つの双曲線正接ユニットが存在します。
このベクトルはセルに付加される可能性がある情報を示してい
ます。更新ベクトルは双曲線正接ユニットを用いて生成されま
す。なぜなら，双曲線正接ユニットの出力値は−1から＋1の
範囲であり，したがって，セルの活性値の値を，更新によって，
増やしたり，減らしたりすることができます[3]。このようにし
て，二つのベクトルが生成されると，双曲線正接層からのベク

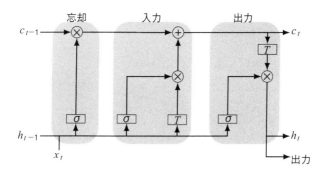

図 5.4　LSTM ユニットの内部構造図解

σ はシグモイド活性値を備えたニューロンの層，T は双曲線正接活性値を備え
たニューロンの層，X はベクトルかけ算，＋ はベクトル加算をそれぞれ示して
います。クリストファー・オラによる画像から着想を得て作成（http://colah.
github.io/posts/2015-08-Understanding-LSTMs/ から閲覧可能）。

トル出力にシグモイド層から生成されるフィルターベクトルをか
け算し，最終的な更新ベクトルが計算されます。ベクトルの加算
を使い，その結果として生じるベクトルがセルに足されます。

　LSTMでの最終的な処理では，現在の入力に応じてどのセル
のエレメントを出力とするべきかが決定されます。この処理は
「出力」とラベルづけされた四角内のコンポーネント（図5.4の
右端　p.193）によって実行されます。セルを双曲線正接層に
渡すことで，出力候補となるベクトルが生成されます。同時に，
連鎖した入力と伝播された隠れベクトルがシグモイドユニット
の層に渡され，新たなフィルターベクトルが生成されます。次
に出力候補のベクトルにこのフィルターベクトルをかけ算し，
実際の出力ベクトルが計算されます。その結果生じたベクトル
は出力層に渡され，さらに新しい隠れh_iとして次の時間ステッ
プに順方向に伝播されます。

　LSTMユニットに複数の層のニューロンが含まれるという
ことは，LSTMがそれ自体一つのネットワークであることを意
味します。しかし，一つのLSTMを再帰型ニューラルネット
ワーク内の隠れ層とみなすことで再帰型ニューラルネットワー
クを構築できます。この設定では，一つのLSTMユニットが
それぞれの時間ステップで入力を受け取り，それぞれの入力に
対し一つの出力を生成します。LSTMユニットを用いる再帰型
ニューラルネットワークは，LSTMネットワークとして知られ
ています。

　LSTMネットワークは自然言語処理（NLP）に最適です。自然言語処理を実行するためにニューラルネットワークを使用する際に大きな課題となるのが，言語内の単語を数ベクトルに変換しなければならないことです。グーグルのリサーチチームのトーマス・ミコロフとその同僚が開発したword2vecモデルは，この変換を実行する最も一般的な手法の一つです（出典：ミコロフほか　2013年）。word2vecモデルは類似した文脈に現れる単語は類似した意味をもつという考えに基づいています。ここでいう文脈とは，一緒に使われている単語のことです。たとえば，「ロンドン」と「パリ」という単語は意味的に似通っています。なぜなら，ロンドンという言葉もパリという言葉も，「首都」，「都市」，「ヨーロッパ」，「休暇」，「空港」などといった言葉と共起することが多いためです。word2vecモデルは，この意味上の共通性という概念を実行するニューラルネットワークです。最初にそれぞれの単語に無作為にベクトルを割り当ててから，コーパス内の単語の共起関係を利用してこのようなベクトルを反復的に更新し，意味的に似通った単語が似通ったベクトルをもつようにします。これらのベクトル（単語の埋め込みとして知られます）は，単語のニューラルネットワークへの入力時に，単語を表現するために用いられます。

　ディープラーニングが大きな影響を与えるNLP領域の一つが機械翻訳です。図5.5（p.196）はニューラル機械翻訳用のseq2seq（またはエンコーダー／デコーダー）の詳細なフロー

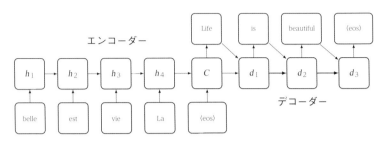

**図 5.5　seq2seq（またはエンコーダー／デコーダー）
アーキテクチャのフロー図**

図を示しています（出典：スツケベルほか　2014年）。このアー
キテクチャは連結した二つのLSTMネットワークで構成され
ています。最初のLSTMネットワークは一語一語，入力文を
処理します。この例文では，原語はフランス語です。翻訳の質
が向上することが分かってきたため，単語は逆方向でシステム
に入力されます。「eos」は文末を意味する特殊記号です。単語
が入力されるたびに，エンコーダーが隠れ状態を更新し，次の
タイムステップに順方向に伝播します。eos記号に反応したエ
ンコーダーによって生成される隠れ層は，入力文のベクトル表
現と解釈されます。このベクトルは入力の初期値としてデコー
ダー LSTMに渡されます。デコーダーは単語ごとに訳文を出
力するよう学習し，各訳語が生成されたのち，その語を次のタ
イムステップでの入力として，デコーダーにフィードバックし
ます。デコーダーは自らの出力を用いて自らの生成プロセスを

推進するため，見方によってはデコーダーは翻訳を「したつもりになっている」ともいえます。デコーダーが「eos」記号を出力するまでこのプロセスは続きます。

　ベクトル表現を使って，文の（言語間の）意味を表現するという概念は非常に優れており，この概念は複数のベクトルでモード間／多モードを表現する際にも拡大して用いられるようになりました。たとえば，昨今の自動画像キャプションシステムの発展には目を見張るものがあります。このシステムは画像を入力として受け取り，画像の自然言語記述を生成します。このシステムの基本構造は図5.5に示したニューラル機械翻訳アーキテクチャによく似ています。大きな違いといえば，エンコーダーLSTMネットワークが，入力画像を処理しベクトル表現を生成したあと，デコーダーLSTMに伝播されるかわりに，デコーダーが，畳み込みニューラルネットワークアーキテクチャに置き換わる点です（出典：シューほか　2015年）。これは複雑な情報の表現を学ぶ際のディープラーニングの有用性を示すもう一つの例です。この事例では，システムが画像中に存在するものから言語へと情報の伝達を可能にするモード間表現を学習します。両者のシステムの利点を統合する可能性をもたらし，深層学習アーキテクチャによる非常に複雑なデータ処理を実現するという理由から，畳み込みニューラルネットワークと再帰型ニューラルネットワークを組み合わせたアーキテクチャの人気がどんどん上がってきています。

　どのようなネットワークアーキテクチャを使うにあたって
も，精度の高いモデルの作成を望むのであれば，ネットワーク
に対する正しい重みを発見する必要があります。ニューロンの
重みによって，ニューロンが入力をどのように変換すべきかを
決定します。つまり，ネットワークが学習する表現の，基本的
なブロックを定義するのはネットワークの重みです。現在，重
みを発見するために標準的に用いられているのは，1980年代
に注目されたバックプロパゲーションというアルゴリズムで
す。次章ではこのアルゴリズムについて詳しく解説します。

第6章

関数の学習

　深さや複雑さにかかわらず，ニューラルネットワークモデル
には関数，つまり入力から出力への写像が実装されています。
ネットワークが実行する関数は，ネットワークが用いる重みに
よって決まります。つまり，データを使ったネットワークの学
習（ネットワークが実行すべき関数の学習）では，ネットワー
クによってデータ中のパターンのモデル化を最適化する重みの
検索が行われます。データからパターンを学習するために，最
も一般的に用いられるアルゴリズムが最急降下法アルゴリズム
です。最急降下法アルゴリズムは，第4章で解説したパーセプ
トロン学習ルールとLMSアルゴリズムによく似ています。つ
まり，関数の誤差をもとに，関数の中で用いられる重みを更新
する規則を定義するアルゴリズムです。最急降下法アルゴリズ
ムは，単独では一つの出力ニューロンの学習に用いることがで
きますが，複数の隠れ層をもつディープネットワークの学習に

は使えません。このような制限が生じる理由は，ネットワーク全体の誤差に対する責任をネットワーク内の異なるニューロン（隠れニューロンを含む）の間でどのように共有すべきかという貢献度の割り当ての問題があるためです。したがって，ディープニューラルネットワークの学習には，最急降下法アルゴリズムとバックプロパゲーションアルゴリズムの二つを用いる必要があります。

ディープニューラルネットワークの学習に用いられるプロセスでは，ネットワークの重みを任意に初期化し，ネットワークによって生じるデータセットに関する誤差に応じて，期待通りネットワークが機能するまで，ネットワークの重みが反復的に更新されます。この学習の枠組で，バックプロパゲーションアルゴリズムは貢献度（または責任）の割り当ての問題を解決し，最急降下法アルゴリズムは実際にネットワーク内の重みを更新する学習ルールを定義します。

本書のなかでも，この第6章は最も数学的な内容といえます。しかし，俯瞰的に眺めれば，バックプロパゲーションアルゴリズムと最急降下法アルゴリズムという二つのアルゴリズムを用いてディープネットワークを学習できるという点さえ把握できれば，問題ありません。本章をよく読む時間がなければ，遠慮なく飛ばし読みしてください。しかしながら，二つのアルゴリズムについて理解を深めたいなら，十分な時間をかけて精読することをおすすめします。バックプロパゲーションアルゴリズ

ムと最急降下法アルゴリズムはディープラーニングの中核で
す。その仕組みを理解することは，二つのアルゴリズムの可能
性と限界を理解する直接の方法です。本章では題材を極力分か
りやすく提示するように努めました。よって，二つのアルゴリ
ズムを理解するために，比較的やさしくかつ包括的な入門書を
期待しているとしたら，この章は最適でしょう。本章では，ま
ず最急降下法アルゴリズムについて説明し，次にバックプロパ
ゲーションアルゴリズムと最急降下法アルゴリズムを併用した
ニューラルネットワークの学習方法について解説します。

最急降下法

　一つの入力から一つの出力を写像する線形関数は，最も単純
な関数です。表6.1（p.204）は，一つの入力特徴と一つの出力
を持つデータセットを示しています。また，図6.1（p.204）に
は，データに最適な直線のグラフのほかに，散布図も示されて
います。この直線は，入力値と予測される出力値を対応づける
関数として用いることができます。たとえば，$x = 0.9$の時，
この線形関数は$y = 0.6746$を返します。データのモデルとし
てこの直線を用いる誤差（または損失）は，直線からそれぞれ
の基準点までの破線で示されています。

　第2章では，直線の方程式を用いた線形関数の表現方法につ
いて説明しました。

表 6.1　一つの入力特徴 x および出力（ターゲット）特徴 y の
サンプルデータセット

x	y
0.72	0.54
0.45	0.56
0.23	0.38
0.76	0.57
0.14	0.17

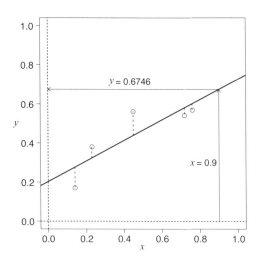

図 6.1　「最適な」直線と垂直の破線でグラフ化されたそれぞ
れの例題の直線の誤差の散布図

また，この図は入力 $x = 0.9$ と出力 $y = 0.6746$ の直線によって範囲が定まる
写像も示しています。

$$y = mx+c$$

という方程式です。mは直線の傾き，cは直線がy軸と交差する点で表されるy切片を表します。図6.1の直線では，$c = 0.203$　$m = 0.524$です。したがって，以下の等式のように，$x = 0.9$のとき，関数は$y = 0.6746$という値を返します。

$$0.6746 = (0.524 \times 0.9) + 0.203$$

傾きmおよびy切片cはこのモデルのパラメーターです。このパラメーターはモデルをデータに適合させるために変更することができます。

直線の方程式は，ニューロンで用いられる重みつき和の演算と密接に関連します。これは，モデルのパラメーターを重みとして書き換え，改めて直線の方程式に書き直すと，明確になります（$c \rightarrow w_0$，$m \rightarrow w_1$）。

$$y = (w_0 \times 1) + (w_1 \times x)$$

重み（または，モデルのパラメーター）のいずれかを変更することで，異なる直線（データに対する異なる線形モデル）を引くことができます。図6.2（p.206）は，切片と直線の傾きの

変化にともなって，どのように直線が変化するかを示しています。破線はy切片の値が大きいとき，点線は傾きが小さいときの変化を示します。y切片w_0の変化によって直線がx軸と平行に移動し，傾きw_1の修正によって点$(x=0, y=$切片$)$を中心に直線が回転します。

このような新しい直線の一つ一つによって，xからyへの写像という異なる関数が定義されます。それぞれの関数がどの程度データに一致するかという点で，（関数の）誤差はそれぞれ異なります。図6.2を見てみると，実線 $[w_0 = 0.203, w_1=$

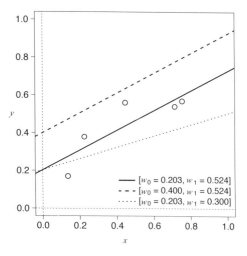

図6.2　切片（w_0）および傾き（w_1）の変化にともない，どのように直線が変化するかを表すグラフ

0.524] は，平均するとデータ点の近くを通過するため，他の2本の直線に比べてデータに対する適合度が高くなります。つまり，それぞれのデータ点に対するこの直線の誤差は，平均すると他の2本の直線の誤差よりも小さくなります。モデルによって生成されるデータセット内のそれぞれのサンプルの誤差を合計し，データセットに関するモデルの総誤差を測定できます。この総誤差を計算する標準的な手法は，二乗誤差の和（SSE）として知られます。

$$\text{SSE} = \frac{1}{2} \sum_{j=1}^{n} (y_j \times \hat{y}_j)^2$$

　この等式は，n個のサンプルが含まれるデータセットに関するモデルの誤差の合算方法を説明しています。つまり，データセットに含まれる，そのサンプルに対する正確なターゲット値から，モデルが返すターゲット値を差し引くことで，データセット内のn個のサンプルのそれぞれに対し，モデルの誤差を計算します。この等式では，y_jはサンプルjに対しデータセット内に記載されたターゲット特徴の正確な出力値であり，$\hat{y}_j$は同じサンプルに対しモデルが返すターゲット値の推定です。次にこのような誤差をそれぞれ二乗したあと，二乗された誤差を合計します。誤差を二乗することで誤差が必ず正の値になります。その結果，合計したときに，関数がターゲットを少なく見積もったサンプルに関する誤差によって，ターゲットを多く見積も

ったサンプルの誤差が相殺されることがありません。この議論では重要ではありませんが，誤差の合計に $1/2$ を乗じるという処理は，あとあと役に立ちます。関数の SSE が小さいほど，データをモデル化する関数の精度が高くなります。したがって，二乗誤差の和を適合度関数として使用し，候補の関数（この状況では直線のインスタンスを生成するモデル）がどの程度データに最適かどうかを評価することができます。

　図 6.3 は，モデルのパラメーターが変化すると，どのように直線モデルの誤差が変化するかを示したものです。三つのグラフは，表 6.1（p.204）に記載された，「一つの入力に対し一つの出力を持つ」データセットのサンプルに関する線形モデルの SSE を表します。それぞれのパラメーターに対し，一つの最適な設定が存在し，パラメーターがこの設定から（方向を問わず）遠ざかるにつれモデルの誤差が大きくなります。結果として，それぞれのパラメーターが変化するにつれて，モデルの誤差の輪郭は凸状（鉢型）になります。図 6.3 の一番上および中央のグラフにおいて，この鉢型がとりわけ顕著であり，$w_0 = 0.203$（一番上のグラフの曲線の最下点）および $w_1 = 0.524$（中央のグラフの曲線の最下点）の時，モデルの SSE が最小になります。

　両方のパラメーターが変化するため，モデルの誤差をプロットすると，誤差面として知られる 3 次元の凸状・鉢型の面が生成されます。図 6.3 の一番下のグラフに描かれている鉢型の網目は誤差面を表しています。最初に重み空間を明確に定めるこ

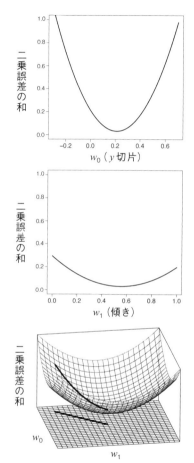

図 6.3　モデルのパラメーターの変化にともなう線形モデルの誤差（SSE）の変化を示すグラフ

上：w_0 が −0.3 から 0.7 まで動くときの,
　　傾きが $w_1 = 0.524$ で固定された線形モデルの SSE のカーブ。
中：w_1 が 0 から 1 まで動くときの,
　　y 切片が $w_0 = 0.203$ で固定された線形モデルの SSE のカーブ。
下：w_0 および w_1 がともに変化するときの線形モデルの誤差面

とで，この誤差面が形成されます。この重み空間はグラフの底辺に横たわる平坦な網目で示されています。それぞれの座標が一つの切片（一つのw_0値）と傾き（一つのw_1値）を表し，この重み空間内のそれぞれの座標によって異なる直線が決定します。したがって，この2次元の重み空間を横切る移動は，異なるモデル間の移動に相当します。誤差面を構築する第二の段階は，高さと重み空間内のそれぞれの直線（すなわち座標）を関連づけることです。それぞれの重み空間の座標と関連づけられた高さは，その座標によって定まるモデルのSSEです。もっと直接的にいうと，重み空間を表す平面より上に位置する誤差面の高さは，データに対する線形モデルのSSEです。誤差面の最下点に対応する重み空間の座標によって，データセット上，SSEが最も小さい線形モデル（すなわち，データに最適な線形モデル）が決定します。

　図6.3（p.209）の一番下のグラフの誤差面の形状は，このデータセットには最適な線形モデルが一つしか存在しないことを示唆しています。なぜなら，誤差面上のその他の点よりも高度の低い（誤差の小さい）点が底辺に一つだけ存在するためです。この最適なモデルから遠ざかると（モデルの重みを変えることで），必然的によりSSEの大きなモデルに移行します。このような移行は，重み空間内の新しい座標に移動するのと同じことです。新しい座標に関連づけられた高度は，誤差面上の高い位置になります。凸状または鉢型の誤差面は，線形関数を学習し，

データセットをモデル化するうえで極めて有益です。なぜなら，誤差面上の最下点の検索として学習プロセスを組み立てることが可能だからです。この最下点の発見に用いられる標準的なアルゴリズムは最急降下法として知られます。

　最急降下法アルゴリズムでは，まず，無作為に選択した重みのセットを用いて，最初のモデルが作成されます。次に，この任意の値を用いて初期化したモデルのSSEを計算します。総合すると，推量した重みのセットおよび対応するモデルのSSEによって，検索すべき誤差面の最初の出発点が決定します。任意の値を用いて初期化したモデルの精度は，おそらく低くなることが予想されます。そこで，誤差面上の高度の高い場所から検索を始める可能性が非常に高くなります。これは一見幸先が悪いように思えますが，問題にはなりません。なぜなら，いったん誤差面に検索プロセスが定まったら，誤差面の底辺（どの方向に移動してもSSEの値が大きくなる場所）に達するまで，坂を下るように誤差面の勾配をひたすらたどることで，プロセスを通じてより精度の高い重みのセットが発見できるためです。これがアルゴリムが最急降下法として知られる理由です。つまり，アルゴリズムにより下っていく勾配は，データに関するモデルの誤差面の勾配です。

　ここで重要な点は，一回の重みの更新だけでは，出発地点からモデルの底までの検索を進められないことです。そのかわりに，誤差面の底辺に向かって反復的に検索を繰り返します。さ

凸状または鉢型の誤差面は，
線形関数を学習し，
データセットをモデル化するうえで
極めて有益です。
なぜなら，誤差面上の
最下点の検索として
学習プロセスを組み立てることが
可能だからです。

らに，反復処理の間，その時点での重みのセットが更新され，より小さいSSEを持つ重み空間内の近くの場所に移動していきます。誤差面の底辺に達するまでには，かなりの回数の反復処理が必要になる場合もあります。このプロセスを直感的に理解する方法として，山腹で急に発生した濃霧に囲まれた登山者の一行を想像してください。帰りの車は谷底に停めてあります。ところが，濃霧が立ち込め，どちらの方角を向いても1，2メートル先の視界しか確保できません。この谷がきれいな凸型をしていると仮定すると，霧で視界が悪いとしても，一行が今立っている位置の局所勾配をたどりながら，少しずつ歩を進めて坂を下るということを繰り返せば，最終的に車にたどり着けるでしょう。図6.3（p.209）の一番下のグラフは，最急降下法による一回分の検索の実行を示しています。誤差面の黒い曲線は，誤差面を下方向にたどる検索の経路を示し，重み空間上の黒線は，誤差面を下方向にたどる行程の間に生じた，対応する重みの更新を示しています。厳密にいえば，最急降下法アルゴリズムは最適化アルゴリズムの一つとして知られています。なぜなら，このアルゴリズムの目標は最適な重みのセットを発見することだからです。

　最急降下法アルゴリズムの最も重要な構成要素は，アルゴリズムのそれぞれの反復処理の間中，どのように重みが更新されるかを明確にする規則です。どのようにこの規則を定義するかを理解するためには，まず最初に誤差面が複数の誤差勾配で成

り立っていることを理解する必要があります。今取り上げた単純な例では，2本の誤差曲線を組み合わせることで，誤差面が生成されます。図6.3（p.209）の一番上のグラフに示すように，w_0の変化にともなってSSEの値も変化することで，一本目の誤差曲線が決定します。図6.3の中央のグラフにあるように，w_1の変化にともなって，SSEの値も変化することで，二本目の誤差曲線が明らかになります。この時，2本の曲線のそれぞれの勾配が曲線に沿って変化する可能性がある点に注意しましょう。たとえば，w_0の誤差曲線はグラフの左端と右端に急な勾配がありますが，曲線の中央部分では勾配は幾分なだらかになります。また，二つの異なる曲線の勾配が大きく変化する場合もあります。とくにこの例では，w_1の誤差曲線と比べると，w_0の誤差曲線はかなり急な勾配になっています。

　誤差面は，それぞれ異なる勾配をもつ，複数の曲線で構成されるという点が重要です。なぜなら，最急降下法アリゴリズムは，それぞれの重みを別々に更新することで，その重みと結びついた誤差曲線を下向きに移動するために，（複数の曲線が）一体化した誤差面を下向きに移動するからです。つまり，一回の最急降下法アルゴリズムの反復処理中，w_0が更新され，w_0の誤差曲線を下向きに移動し，さらにw_1が更新され，w_1の誤差曲線を下方向に移動します。さらに，一回の反復処理で更新されるそれぞれの重みの量は，重みの誤差曲線の勾配の険しさに比例します。そして，プロセスが誤差曲線を下向きに移動する

にしたがって，この勾配は一つの反復処理から次の反復処理の間を変動します。たとえば，検索プロセスがw_0の誤差曲線のどちらかの側のかなり高い位置にある場合，w_0は反復処理の際に比較的大きく更新されます。ところが，検索プロセスがw_0の誤差曲線の底辺の近くに位置する場合，反復処理の際に小さく更新されます。

　それぞれの重みと結びついた誤差曲線は，重みの値の変化に関してどのようにSSEが変化するかによって定義されます。微積分法，とくに微分は，変化率を取り扱う数学の領域です。たとえば，$y = f(x)$ という関数の導関数を用いて，x（入力）におけるそれぞれの単位の変化に対するy（出力）の変化率を計算します。さらに，一つの関数が複数の入力をとる場合 [$y = f(x_1, ..., x_n)$]，それぞれの入力に関してその関数の偏導関数を求めることで，このような入力の一つ一つの変化について，出力の変化率 y を計算できます。ある特定の入力に関する関数の偏導関数を計算するには，はじめに他のすべての入力の値が一定に保たれる（そのため変化率は0であり，よって，計算式から省略されます）と想定し，残っている導関数を選びます。最後に付け加えると，ある入力に対する関数の変化率は，その入力によって指定される曲線の位置（関数によって範囲が定められる）における関数の勾配として知られます。したがって，重みに関するSSEの偏導関数によって，その重みが変化するにつれてどのようにSSEの出力が変化するかが特定され，それ

によって重みの誤差曲線の勾配が特定されます。これが最急降下法の重み更新規則を定義する上で必要です。つまり，重みに関するSSEの偏導関数によって，どのように重みの誤差曲線の勾配を計算すべきかが決定します。さらに，この勾配によってどのように重みを更新し，誤差（SSEの出力）を低減すべきかが特定されます。

　その他の変数がすべて定数であるとき，ある特定の変数に関する関数の偏導関数は，その関数の導関数です。したがって，それぞれの変数に関して異なる関数の偏導関数が存在します。なぜなら，それぞれの偏導関数を計算する際，異なる項の集合は定数であるとみなされるためです。ゆえに，すべて似たような形式をとりますが，それぞれの重みに対し異なるSSEの偏導関数が存在します。これが，最急降下法アルゴリズムでは，それぞれの重みが別々に更新される理由です。つまり，重み更新規則は，それぞれに重みに対するSSEの偏導関数に左右されます。さらに，それぞれの重みに対して異なる偏導関数が存在するため，それぞれの重みに対して別々の重み更新規則が存在します。この場合も，先ほどと同様に，それぞれの重みに対する偏導関数は異なっても，このような導関数はすべて同じ形式をとります。よって，それぞれの重みに対する重み更新規則も同じ形式をとります。このため，最急降下法アルゴリズムの定義づけが簡素化されます。アルゴリズムが簡素化される別の要因は，n個のサンプルを持つデータセットに応じてSSEが定

義づけされることです。この妥当性は，SSEの唯一の変数が重みであるという観点から説明できます。つまり，すべてのターゲット出力yと入力xは，それぞれのサンプルに対するデータセットによって特定され，それゆえに定数とみなすことができます。したがって，ある重みに関するSSEの偏導関数を計算するとき，重みの含まれない等式の項の多くは削除して構いません。なぜなら，それらは定数とみなされるためです。

モデルによって予測される出力を意味する$\hat{y_j}$項を予測を生成するモデルの構造で置き換えるためにSSEの定義づけを記述し直すと，SSEの出力とそれぞれの重みの関係がさらにはっきりします。単一の入力x_1とダミー入力$x_0 = 1$を持つモデルの場合，SSEを記述し直した等式は，以下のようになります。

$$SSE = \frac{1}{2} \sum_{j=1}^{n} (y_j - (w_0 \times x_{j,0} + w_1 + x_{j,1}))^2$$

この等式には，入力に二重下付き文字表記が用いられます。最初の下付き文字jはサンプル（すなわちデータセット内の行）を明らかにし，二番目の下付き文字は特徴（すなわちデータセット内の列）を指定します。たとえば$x_{j,1}$はサンプルjの特徴1を示しています。このSSEの定義づけは，m個の入力を持つモデルへと汎化することが可能であり，以下のような等式であらわすことができます。

$$\mathrm{SSE} = \frac{1}{2} \sum_{j=1}^{n} \left(y_j - \left(\sum_{i=0}^{m} w_i \times x_{j,i} \right) \right)^2$$

　ある特定の重みに関するSSEの偏導関数の計算にあたっては，微積分法の連鎖法やいくつもの標準的な微分法の規則が適用されます。この微分の結果，以下のような等式が導き出されます（ここでは表記を簡略化するため，再び$\hat{y}_j$という表記を用いてモデルからの出力を表示します）。

$$\frac{\partial \, \mathrm{SSE}}{\partial \, w_i} = \sum_{j=1}^{n} \left(\underbrace{(y_j - \hat{y}_j)}_{\substack{\text{重みつき和の} \\ \text{出力の誤差}}} \times \underbrace{-x_{j,i}}_{\substack{w_i \text{の変化に関する重} \\ \text{みつき和の変化率}}} \right)$$

　$x_{j,i}$がデータセット内のそれぞれの例題に対しw_iに関連づけられた入力のとき，この偏導関数はデータセットに対し重みw_iの誤差勾配の計算方法を指定します。この計算では，出力の誤差と重みの変化に関する出力の変化率（つまり重みつき和）という二つの項を乗じます。この計算を理解する一つの方法として，次のような考え方があります。もし重みの変更によって重みつき和の出力が大幅に変化するとしたら，重みに関する誤差の勾配も大きく（急に）なります。なぜなら，重みの変更によって誤差に大きな変化が生じるためです。ところが，この勾配は「上り勾配」であり，この場合，私たちが意図していることは，

誤差勾配を下向きに移動するように重みを動かすことです。つまり，最急降下法の重み更新規則（下記に示します）では，入力$x_{j,i}$の前にあった「－（マイナス）」記号が省略されています。tという文字を用いてアルゴリズムの反復処理（1回の反復処理では，データセット内のn個のサンプルが1回通過します）を表示し，最急降下法の重み更新規則は次のように定義されます。

$$w_i^{t+1} = w_i^t + \left(\eta \times \underbrace{\sum_{j=1}^{n} ((y_j^t - \hat{y}_j^t) \times x_{j,i}^t)}_{w_i \text{に対する誤差勾配}} \right)$$

　この重み更新規則には，注目に値する要素がいくつもあります。まず，データセット全体（初めから終わりまで）にt回の反復処理を実行したあと，どのように重みw_iを更新すべきかが規則によって指定されます。この更新は，その反復処理に対する重みの誤差曲線の勾配（すなわち，和項。和項によって，実際にその重みに対するSSEの偏導関数が限定されます）に比例します。次に，重み更新規則を用いて，複数の入力を持つ関数の重みを更新できます。これは，最急降下法アルゴリズムを用いて，二つを超える（三つ以上の）重み座標を持つ誤差面を下りることができるという意味です。そうはいっても，そのような誤差面は3次元を超えてしまうため，具体的に思い浮かべることができません。しかし，誤差勾配を用いて誤差面を下り

るという基本的な方針によって，複数の入力を持つ関数の学習に汎化できます。そして，重み更新規則はそれぞれの重みに対し，似たような構造をしています。しかし，それぞれの反復処理の間，それぞれの重みに対して異なる更新は規則によって明確になりません。なぜなら，更新は重みが適用されるデータセットのサンプルの入力に左右されるためです。次に，最急降下法アルゴリズムのそれぞれの反復処理では，データセット内のn個の例題のすべてに現行のモデルを適用する必要があることが，規則内の総和によって示唆されます。これが，深層学習ネットワークの学習が，計算作業上，非常に高額である理由の一つです。通常，非常に大規模なデータセットでは，データセットから抽出されたサンプルのバッチにデータセットが分割され，それぞれのトレーニングの反復処理はデータセット全体ではなく，バッチごとに実行されます。さらに，総和を含めるための修正が必要な点をのぞき，この規則は第４章で紹介したLMS（ウィドローホフまたはデルタルールとしても知られます）学習ルールとよく似ていて，しかも同じ論理を実践します。つまり，モデルの出力が大きすぎる場合には，正の入力に関連づけられた重みを減らし，逆に出力が小さすぎる場合は，重みを増やします。さらに，学習率のハイパーパラメーター（η）の関数の目的は，LMSルールの目的と同じです。つまり，調節しすぎて，アルゴリズムが最適な重みのセットを逸したり（またはステップオーバー）しないように重みの調節を概算す

ることです。この重み更新規則を用いると，最急降下法アルゴリズムは次のように要約されます。

1. 最初の重みのセットを用いて，モデルを構築する。

2. モデルのパフォーマンスが満足できるレベルに達するまでくりかえす。
   a. 現行のモデルをデータセット内のサンプルに適用する。
   b. 重み更新規則を用いて，それぞれの重みを調節する。

3. 最終的なモデルを返す。

　別々に重みを更新するという一つの結果と，重みの更新は関連づけられた誤差曲線上の局所勾配に比例するという事実は，最急降下法アルゴリズムが誤差面上の最下点にたどり着くまでの行程が直線でない可能性があることを意味します。なぜかというと，誤差曲線のそれぞれの構成要素の勾配が，誤差面上のそれぞれの位置において等しくない可能性があるためです（分かりやすくいえば，一つの重みに対する勾配が，他の重みに対する勾配よりも角度が急になることがあります）。その結果，ある反復処理の間，ある重みが他の重みよりも大きく更新される可能性があります。そのため，谷底への降下が直行ルートをたどらないケースがあります。図6.4（p.222）はこの事

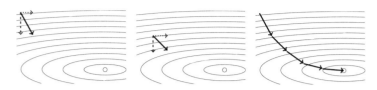

図 6.4　ある誤差面の等高線図の一部を上から眺めた図

誤差面を横切る最急降下法の行程を示しています。実線の矢印は、それぞれの最急降下法アルゴリズムの一回の反復処理に対する重みベクトルの全体的な移動距離。点線の矢印はその反復処理に対する w_0、破線の矢印は w_1 の誤差曲線の局所勾配を表しています。右側のグラフは、誤差面の最小値に達するまでの全行程。

象を図解したものです。これは、ある誤差面の等高線図の一部を上から眺めた一連の図で構成されます。この誤差面は、かなり細長く、急な斜面と、やや緩やかな傾斜で終わる谷底をもつ渓谷です。つまり、等高線が密になっている部分は、そこが急斜面であることを示しています。その結果、はじめは谷を横切る形で検索を進め、そのあとで谷の中央に向かいます。左側のグラフは、最急降下法アルゴリズムの最初の反復処理を示します。このグラフでは、最初の出発地点は三本の矢印が交わる場所です。点線の矢印と破線の矢印の長さは、w_0 の局所勾配と w_1 の誤差曲線をそれぞれ表しています。破線の矢印は点線の矢印より長く、w_0 の誤差曲線の局所勾配が w_1 の誤差曲線の勾配より急であることを示しています。それぞれの反復処理が実行されるたびに、その誤差曲線に比例する形で、それぞれの重みが更新されます。つまり、最初の反復処理では、

w_0 の更新は w_1 より大きく，したがって谷に沿って進むより，谷を横切るほうが，全体的な移動距離は長くなります。実線の黒い矢印はその下にある重み空間を示し，この最初の反復処理による重みの更新の結果として生じたものです。同様に，中央のグラフは，次の最急降下法の反復処理に対する誤差勾配と全体的な重みの更新を示しています。右側のグラフは，最初の位置から最小値（誤差面上の最下点）まで検索プロセスによって採用された「下山の全行程」を表しています。

　単一のニューロンの学習に重み更新の規則を写像することは，比較的単純な作業です。この写像では，重み w_0 はニューロンに対するバイアス項です。その他の重みはニューロンへの他の入力に関連づけられます。SSEの偏導関数の微分は，$\hat{y}$ を生成する関数の構造に左右されます。この関数が複雑になるにしたがって，偏導関数もより複雑になります。ニューロンによって明確に定まる関数に重みつき和と活性化関数の両方が含まれるということは，ニューロンの中の重みに関するSSEの偏導関数が上述の偏導関数はよりもさらに複雑であることを意味します。ニューロンの内部に活性化関数が含まれると，SSEの偏導関数に一つ余分な項が発生します。この余分な項は，重みつき和関数からの出力に関した活性化関数の導関数です。活性化関数の導関数は，重みつき和関数の出力と関係があります。なぜなら，この導関数は活性化関数が受け取る入力であるためです。活性化関数は直接重みを受け取

りません。かわりに，重みの変化が重みつき和の出力に与える影響によって，このような重みの変化は活性化関数の出力に間接的な影響しか及ぼしません。ニューラルネットワークにおいて，ロジスティック関数がこれほど長きにわたり非常に人気のある活性化関数の地位を確立してきた一番の理由は，出力に関して極めて単純明快な導関数を持っているためです。ロジスティック関数を用いたニューロンの最急降下法の重み更新規則は，以下のように表せます。

$$w_i^{t+1} = w_i^t + \left(\eta \times \sum_{j=1}^{n} \left((y_j^t - \hat{y}_j^t) \times \underbrace{(\hat{y}_j^t \times (1 - \hat{y}_j^t))}_{\substack{\text{重みつき和に関する} \\ \text{ロジスティック関数の導関数}}} \right) \times x_{j,i}^t \right)$$

w_i に対する誤差勾配

　重み更新規則に活性化関数の導関数が含まれるということは，ニューロンの活性化関数が変化すると，重み更新規則も変化するという意味です。ところが，この変化とは単なる活性化関数の導関数の更新にすぎません。つまり，規則の全体的な構造は変わらないのです。

　この重み更新規則の拡大は，最急降下法アルゴリズムを用いて単一のニューロンを学習できることを意味します。しかし，複数の層のニューロンを持つニューラルネットワークの学習に

は使うことはできません。なぜなら，重みに対する誤差勾配の定義は関数の出力の誤差，つまり項 $y_j - \hat{y}_j$ に左右されるためです。出力と予測される出力を直接比較して，ネットワークの出力層内のニューロンの出力の誤差を計算することは可能です。しかし，ネットワークの隠れ層内のニューロンに対し，直接この誤差項を計算することはできません。したがって，それぞれの重みに対する誤差勾配を計算することは不可能です。バックプロパゲーションアルゴリズムは，ネットワークの隠れ層内の重みに対する誤差勾配を計算するという課題を解決する一つの手法です。

バックプロパゲーションを使用したニューラルネットワークの学習

　バックプロパゲーションという用語には二つの意味があります。一つは，ネットワーク内のそれぞれのニューロンごとに，重みの変化に対するネットワークの誤差の感度（勾配／変化率）を計算するために使用できるアルゴリズムという意味です。重みの誤差勾配が計算されれば，最急降下法の重み更新規則に似た重み更新規則を用いて，全体的なネットワークの誤差を低減するために重みを調節できます。この意味で，バックプロパゲーションアルゴリズムは，第4章で紹介した貢献度の割り当て問題に対する解決策といえます。二つ目の意味は，ニューラルネットワークを学習する完全なアルゴリズムであるということです。これには最初の概念も含まれますが，それだけで

なく，どのように重みの誤差勾配を用いてネットワーク内の重みを更新すべきかという学習ルールの定義も含まれます。したがって，この意味で説明される場合のアルゴリズムには，二段階のプロセスがあります。つまり，貢献度の割り当て問題を解決したあと，貢献度の割り当ての実行中に計算した重みの誤差勾配を用いて，ネットワーク内の重みを更新するのです。今説明したバックプロパゲーションの二つの意味を区別することは有益です。なぜなら，貢献度の割り当て問題を解決後，さまざまな学習ルールを用いて重みを更新できるためです。バックプロパゲーションと最も一般的に併用される学習ルールは，先ほど解説した最急降下法アルゴリズムです。ここではバックプロパゲーションの一つ目の意味，つまり貢献度の割り当て問題に対する解決策としてのアルゴリズムという性質に注目し，バックプロパゲーションアルゴリズムについて説明します。

バックプロパゲーション：二段階式のアルゴリズム

　バックプロパゲーションアルゴリズムは，最初に任意の値を用いてすべてのネットワークの重みを初期化します。このとき，ネットワークに入力が提示されると，たとえ任意に初期設定されたネットワークであっても出力を生成できる点に注意しましょう。ただし，この出力には大きな誤差がある可能性が高くなります。ネットワークの重みが初期化されると，ネットワークの誤差が低減するまで，繰り返し重みを更新し，ネットワーク

を学習することが可能です。その場合，トレーニングデータセットに定義される通り，入力のパターンに応じてネットワークによって生成される出力と，その入力に対して予測される出力の差としてネットワークの誤差が計算されます。この重み調整のプロセスの中で非常に重要な手順には，貢献度の割り当て問題の解決，または，ネットワーク内のそれぞれの重みに対する誤差勾配の計算が含まれます。バックプロパゲーションアルゴリズムでは，二段階のプロセスを用いて，この問題を解決します。フォワード（順方向）パスとして知られる第一段階では，ネットワークに一つの入力パターンが提示され，一つの出力が生成されるまで，結果として生じるニューロンの活性化がネットワークを通じて順方向に流れます。図6.5（p.230）はバックプロパゲーションアルゴリズムのフォワードパスを示しています。この図では，それぞれのニューロンで計算された入力の重みつき和（たとえば，z_1はニューロン1について計算した入力の重みつき和を表します）とそれぞれのニューロンの出力（または活性化。たとえば，a_1はニューロン1の活性化を表します）を示しています。この図中にそれぞれのニューロンに対するz_1とa_1を記載する理由は，フォワードパスの間，それぞれのニューロンに対し，z_1とa_1の両方の値がメモリ内に保存されることを強調するためです。メモリ内に保存される理由は，両方の値がアルゴリズムのバックワード（逆方向）パスで用いられるためです。ニューロンの値z_1を用いて，ニューロンへの入力の結

合体の重みに対する更新を計算し，ニューロンの値a_1を用いて，ニューロンからの出力の結合体の重みに対する更新を計算します。バックワードパスにおいて，どのようにこれらの値が用いられるかに関しては，のちほど詳しく説明します。

　バックワードパスとして知られる二段階目は，出力層内のそれぞれのニューロンに対する誤差勾配を計算することからはじめます。この誤差勾配は，ニューロンの重みつき和計算における変化に対するネットワーク誤差の感度を意味します。多くの場合，誤差勾配はニューロンを指す下付き文字付きの略記法であるδ（デルタと発音）で表示されます。たとえば，δ_kはニューロンkの重みつき和計算におけるわずかな変化に関するネットワーク誤差の勾配です。バックプロパゲーションアルゴリズムでは，二つの異なる誤差勾配が計算される点を認識することが重要です。

1. 最初の誤差勾配は，それぞれのニューロンに対するδの値です。それぞれのニューロンに対するδは，ニューロンの重みつき和の計算における変化に関するネットワークの誤差の変化率です。それぞれのニューロンに対し，一つのδが存在します。アルゴリズムが逆伝播するのは，これらのδの誤差勾配です。

2. 二つ目の誤差勾配は，ネットワークの重みの変化に関する

ネットワークの誤差勾配です。ネットワーク内のそれぞれ
の重みに対し，これらの誤差勾配のうちの一つが存在しま
す。これらは，ネットワーク内の重みを更新するために用
いられる誤差勾配です。ところが，重みに対する誤差勾配
を計算するためには，（バックプロパゲーションを用いて）
それぞれのニューロンに対するδ項を最初に計算する必要
があります。

一つのニューロンに対しては一つのδしか存在しませんが，
そのニューロンに結びつけられた重みが多数存在する場合があ
ります。そのため，複数の重みの誤差勾配を計算する際は，一
つのニューロンのδ項が用いられる可能性があることに注意し
てください。

出力ニューロンのδが計算されると，最後の隠れ層内のニュ
ーロンに対するδが計算されます。それぞれの出力ニューロン
からのδの一部を，それに直接つながっているそれぞれの隠れ
ニューロンに割り当てて，これを計算します。この出力ニュー
ロンから隠れニューロンへの責任の割り当ては，ニューロン間
の結合の重み，そして，フォワードパス中の隠れニューロンの
活性化に左右されます（これがフォワードパス中にメモリに活
性化が記録される理由です）。隠れ層からの責任の割り当てが
完了すると，ニューロンがつながっているすべての出力ニュー
ロンに割り当てられたδの一部を合計し，隠れ層内のそれぞれ

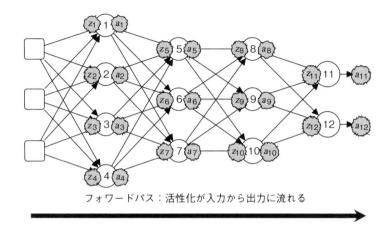

フォワードパス：活性化が入力から出力に流れる

図6.5　バックプロパゲーションアルゴリズムの
フォワードパス

のニューロンのδを計算します。このようにして，責任の割り
当てと合算という同じプロセスが繰り返され，隠れニューロン
の最終層から最後から二番目の層内のニューロン，最後から三
番目のニューロンと続き，最終的に入力層にたどり着くまで，
逆方向に誤差が伝播されます。バックプロパゲーションアルゴ
リズムという名称は，このようにネットワークを通じてδを逆
伝播することから名づけられました。このバックワードパスの
最終段階では，ネットワーク内のそれぞれのニューロンに対し
計算されたδが一つ存在し（すなわち，貢献度の割り当て問題
が解決されたことを意味します），これらのδを用いてネット
ワーク内の重みを更新できます（たとえば，先ほど紹介した最

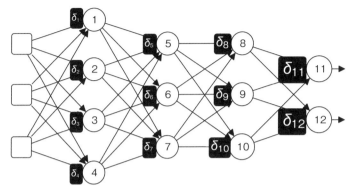

バックワードパス：誤差勾配（複数のδ）が出力から入力に流れる

**図6.6　バックプロパゲーションアルゴリズムの
バックワードパス**

急降下法アルゴリズムを用いるなどして）。図6.6（p.231）は
バックプロパゲーションアルゴリズムのバックワードパスの図
解です。この図では，バックプロパゲーションプロセスが出力
層から遠ざかるにつれ，δが小さくなります。これは，第4章
で論じたネットワークのはじめのほうの層の学習率が減速する
という勾配消失問題を反映しています。

　まとめると，バックプロパゲーションアルゴリズムのそれぞ
れの反復処理で行われる主な手順は，以下のようになります。

1. ネットワークに一つの入力を提示し，一つの入力が生成さ
　　れるまで，ネットワークを通じてニューロンの活性化を順

方向に流す。それぞれのニューロンの重みつき和と活性化
を記録する。

2. 出力層内のそれぞれのニューロンに対する δ（デルタ）誤差
勾配を計算する。

3. δ 誤差勾配を逆伝播し，ネットワーク内のそれぞれのニュ
ーロンに対する δ（デルタ）誤差勾配を取得する。

4. δ 誤差勾配および最急降下法のような重み更新アルゴリズ
ムを用いて，重みの誤差勾配を計算し，これらを用いてネ
ットワーク内の重みを更新する。

　ネットワークの誤差が許容できるレベルに低減（あるいは収
束）するまで，この手順によってアルゴリズムの反復処理を継
続します。

バックプロパゲーション：複数の δ のバックプロパゲーション

　ニューロンの δ 項によって，ニューロンによって計算された
入力の重みつき和の変化に関するネットワークの誤差勾配を説
明できます。より具体的に説明すると，図6.7（一番上）はニ
ューロン k の内部の処理段階を分解し，項 z_k を用いてニューロ

ン内部の重みつき和の結果を示したものです。この図のニューロンは他の三つのニューロン（h, i, j）から入力（つまり活性化）を受け取り，z_k はこれらの活性化の重みつき和です。次に，ロ

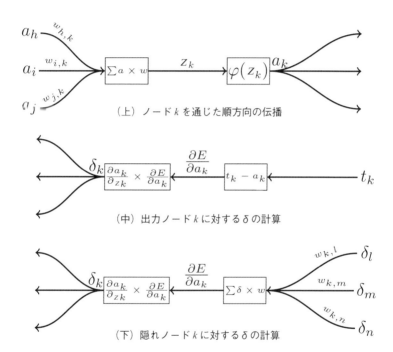

（上）ノード k を通じた順方向の伝播

（中）出力ノード k に対する δ の計算

（下）隠れノード k に対する δ の計算

図 6.7

上：重みつき和を通じた活性化の順方向の伝播およびニューロンの活性化関数。
中：出力ニューロンに対する δ 項の計算（t_k はニューロンに対する活性化関数，a_k は実際の活性化）。
下：隠れニューロンに対する δ 項の計算。この図は，1999 年のリードおよびマークス 2 世による図 5.2 および図 5.3 を概ね参考にしました。

ジスティック関数に代表される非線形活性化関数φにz_kを通し，ニューロンの出力であるa_kを計算します。ニューロンkに対しこのφという表記を用いて，z_kの値の僅かな変化に関するネットワーク誤差の変化率を示します。数学的には，この項はz_kに関するネットワーク誤差の偏導関数です。つまり，以下のように表せます。

$$\delta_k = \frac{\partial \text{誤差}}{\partial z_k}$$

　ネットワーク内のどの場所にニューロンが位置しても（出力層または隠れ層でも），ニューロンに対するδは二つの項の積として計算されます。

1. ニューロンの活性化（出力）の変化に応じたネットワーク誤差の変化率：$\partial E / \partial a_k$
2. ニューロンへの入力の重みつき和の変化に関するニューロンの活性化の変化率：$\partial a_k / \partial z_k$

$$\delta_k = \frac{\partial E}{\partial a_k} \times \frac{\partial a_k}{\partial z_k}$$

　図6.7（p.233 中）は，ネットワークの出力層内のニューロンに対し，どのようにこの積が計算されるかを示します。第一段階では，ニューロンの出力に関するネットワークの誤差の変

化率，$\partial E / \partial a_k$の項を計算します。ニューロンの活性値である$a_k$と予測される活性値である$t_k$の差が大きくなるほど，ニューロンの活性値を変化させることで早めに誤差を修正できることが直感的にわかります。つまり，予測される活性値(t_k)からニューロンの活性値(a_k)を差し引くことで，出力ニューロンkの活性値の変化に関するネットワーク誤差の変化率を計算できます。等式であらわすと次のようになります。

$$\frac{\partial E}{\partial a_k} = t_k - a_k$$

この項は，ネットワークの誤差をニューロンの出力に結びつけます。しかし，ニューロンのδは活性化関数に対する入力(z_k)に関する誤差の変化率であり，その関数の出力(a_k)ではありません。したがって，ニューロンに対するδを計算するために，$\partial E / \partial a_k$の値を活性化関数を通じて逆方向に伝播し，それを活性化関数の入力に結びつける必要があります。これは，$\partial E / \partial a_k$に関数への入力値である$z_k$に関する活性化関数の変化率を乗じて実行します。図6.7では，その入力に関する活性化関数の変化率は，$\partial a_k / \partial z_k$という項で表します。$z_k$に関する活性化関数の導関数の等式に$z_k$の値(ネットワークを通じたフォワードパスの間に保存された)を当てはめ，この項を計算します。たとえば，その入力に関するロジスティック関数の導関数は，次のようになります。

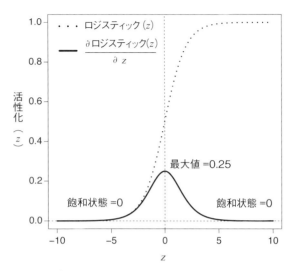

図6.8　ロジスティック関数およびロジスティック関数の
導関数のグラフ

$$\frac{\partial \text{ロジスティック関数}(z)}{\partial z} = \text{ロジスティック関数}(z) \times (1 - \text{ロジスティック関数}(z))$$

　図6.8[1]（p.236）は，この関数のグラフです。この等式にz_k
の値を当てはめると，答えが0から0.25の範囲になることを
示します。たとえば，図6.8では$z_k=0$のとき，$\partial a_k / \partial z_k=0.25$
になることを表します。これがそれぞれのニューロンの重みつ

き和 (z_k) がアルゴリズムのフォワードパスの間に保存される
理由です。

　ニューロンの δ の計算にはニューロンの活性化関数の導関数
を含む積が必然的に伴うため，ニューロンの活性化関数の導関
数を使用できるようにしなければなりません。閾値付近で関数
が途絶えてしまうため，閾値活性化関数の導関数は選択できま
せん。したがって，バックプロパゲーションアルゴリズムは閾
値活性化関数を用いるニューロンで構成されるネットワークに
は機能しません。これこそ，ニューラルネットワークが閾値活
性化関数から脱却し，ロジスティック関数と双曲線正接関数と
いう活性化関数を採用し始めた理由の一つです。ロジスティッ
ク関数と双曲線正接関数はどちらも非常に単純な導関数を持
ち，そのためバックプロパゲーションにとくに適した関数にな
ったという背景があります。

　図6.7（p.233　下）は隠れ層内のニューロンに対する δ の計
算方法を示します。この計算には，出力層内のニューロンに用
いられたのと同じ項の積が含まれます。違いは，隠れユニット
を求める $\partial E / \partial a_k$ の計算がさらに複雑になる点です。隠れ層
に関しては，ニューロンの出力とネットワークの誤差を直接結
びつけることはできません。隠れニューロンの出力は，入力と
して出力を受け取る下流のニューロン内に生じる差異を通じ
て，ネットワークの誤差全体に間接的に影響を与えるにすぎま
せん。また，このような差異の大きさは，下流のニューロンの

一つ一つが出力に適用する重みに左右されます。さらに，ネットワークの誤差に対する間接的な影響は，今度はあとの方のニューロンに対するネットワークの誤差の感度，すなわち，ニューロンのδの値に左右されます。したがって，隠れ層の出力に対するネットワークの誤差の感度は，ニューロンのすぐ下流にある複数のニューロンのδの値の重みつき和として計算することができます。

$$\frac{\partial E}{\partial a_k} = \sum_{i=1}^{n} w_{k,i} \times \delta_i$$

　結果的に，ニューロンkに対する$\partial E / \partial a_k$を計算する前に，フォワードパスに通されるニューロンの出力に対するすべての下流ニューロンの誤差項（δの値）を計算しておく必要があります。しかし，これは問題ではありません。なぜなら，バックワードパスでは，ネットワークを通じて逆方向にアルゴリズムが作用し，ニューロンkに到達する前に下流のニューロンに対するδ項が計算されるはずだからです。

　隠れニューロンについては，出力ニューロンを計算したときと同じ方法で，δの積のもう一つの項である$\partial a_k / \partial z_k$を計算します。つまり，ニューロンの$z_k$の値（ネットワークを通じたフォワードパス中に保存された入力の重みつき和）をz_kに関するニューロンの活性化関数の導関数に当てはめます。

バックプロパゲーション：重みの更新

　ネットワーク内の重みを調整する上でのバックプロパゲーションアルゴルズムの基本原理は，その重みの変化に対する全体的なネットワークの誤差の感度に比例して，ネットワーク内のそれぞれの重みを更新することです。全体的なネットワークの誤差が重みの変化に影響されないとしたら，ネットワークの誤差はその重みとは無関係であり，したがって，重みは誤差に影響を与えなかったということを直感的に理解できます。それぞれの重みの変化に対するネットワークの誤差の感度は，その重みの変化に応じたネットワークの誤差の変化率について計算されます。

　全体的なネットワークの誤差は，複数の入力，つまりネットワークへの入力とネットワーク内のすべての重みの両方をもつ関数です。つまり，あるネットワークの重みの変化に応じたネットワークの誤差の変化率は，その重みに関するネットワークの誤差の偏導関数を用いて計算します。バックプロパゲーションアルゴリズムでは，連鎖律を用いて，重みに対するネットワークの誤差の偏導関数を計算します。連鎖律を用いて，二つの項の積として，ニューロンjとニューロンkの間の結合での重み$w_{j,k}$に関するネットワークの誤差の偏導関数を計算します。

ネットワーク内の
重みを調整する上での
バックプロパゲーションアルゴルズム
の基本原理は,
その重みの変化に対する
全体的なネットワークの
誤差の感度に比例して,
ネットワーク内のそれぞれの重みを
更新することです。

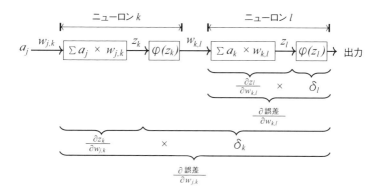

図6.9　導関数の積によって，どのようにネットワーク内の重みがネットワークの誤差に結びつけられるかを説明した解説図

1. 一番目の項は，重み $\partial z_k / \partial w_{j,k}$ の変化に関するニューロンk内の入力の重みつき和の変化率を表します。

2. 二番目の項は，ネットワークkによって計算される入力の重みつき和の変化に応じたネットワークの誤差の変化率を表します（この二番目の項はニューロンkのδ_kです）。

　図6.9は，この二つの項の積によって，どのように重みがネットワークの出力の誤差に結び付けられるかを説明します。この図は，活性値へと続く経路が一つしかない場合に，ネットワーク内の最後の二つのニューロン（kおよびl）がどのように処理されるかを示しています。ニューロンkは単一の入力である

a_jを受け取ります。ニューロンkからの出力はニューロンlへの唯一の入力です。ニューロンlの出力はネットワークの出力です。ネットワークのこの部分には，$w_{j,k}$と$w_{k,l}$とい二つの重みが存在します。

図6.9（p.241）に示す計算式は，いくつもの異なるコンポーネントが含まれるため，一見複雑に思えます。しかし，あとで明らかになるように，これらの計算を一つずつ進めていくと，実は個々のコンポーネントの計算は簡単です。さまざまなコンポーネントをすべて記録しなければならないので，難易度が上がるだけです。

重み$w_{k,l}$に注目すると，この重みはネットワークの出力ニューロンの一つの入力に適用されます。この重みとネットワークの出力（および誤差）の間は二段階式で処理されます。一段階目は，ニューロンlで計算される重みつき和です。二段階目は，ニューロンlの活性化関数による重みつき和に適用される非線形関数です。出力から逆方向に進めると，図6.7（p.233）の中央の図に示される計算式を用いて，δ_lの項を計算します。ニューロンのターゲット活性値と実際の活性値の差を計算し，その入力（重みつき和z_k）に関するニューロンの活性化関数の偏導関数である$\partial_{al}\,/\,\partial_{zl}$をかけ算します。ニューロン$l$によって用いられる活性化関数がロジスティック関数と仮定すると，ロジスティック関数の導関数に（アルゴリズムのフォワードパス中に保存された）値z_lを当てはめ，項$\partial a_l\,/\,\partial z_l$を計算します。

$$\frac{\partial a_l}{\partial z_l} = \frac{\partial \, \text{ロジスティック関数}(z_l)}{\partial z_l} = \text{ロジスティック関数}(z_l) \times (1 - \text{ロジスティック関数}(z_l))$$

ニューロン l がロジスティック関数を用いると仮定した場合の δ_l の計算式は，次のようになります。

$$\delta_l = \text{ロジスティック関数}(z_l) \times (1 - \text{ロジスティック関数}(z_l)) \times (t_l \times a_l)$$

δ_l 項は，ネットワークの誤差と活性化関数の入力（重みつき和 z_l）を結び付けます。ところが，ここで目指しているのは，ネットワークの誤差と重み $w_{k,l}$ を再び結びつけることです。これを実現するには，δ_l 項に重み $w_{k,l}$ に関する重みつき和関数の偏導関数を乗じます。つまり，$\partial z_l / \partial w_{k,l}$ となります。この偏導関数は，重み $w_{k,l}$ の変化にともなって，いかに重みつき和関数の出力 z_l が変化するかを説明します。重みつき和関数が重みと活性値の線形関数であることは，ある特定の重みに関する偏導関数では，特定の重みを伴わない関数のすべての項はゼロに向かい（定数とみなされ），偏導関数は単にその重みに関係する入力，この場合は入力 a_k に簡略化されることを意味します。

$$\frac{\partial z_l}{\partial w_{k,l}} = a_k$$

これが，ネットワーク内のそれぞれのニューロンの活性化が
フォワードパスに保存される理由です。これら二つの項，つま
り$\partial z_l / \partial w_{k,l}$と$\delta_l$を一緒に選び出し，重み$w_{k,l}$とネットワーク
の誤差を結びつけます。その際，最初に重みとz_lを結びつけ，
次にz_lとニューロンの活性化を結びつけ，それによってネット
ワークの誤差と結びつけます。つまり，重み$w_{k,l}$の変化に関す
るネットワークの誤差勾配は次のように計算されます。

$$\frac{\partial \text{誤差}}{\partial w_{k,l}} = \frac{\partial z_l}{\partial w_{k,l}} \times \delta_l = a_k \times \delta_l$$

図6.9（p.241）のネットワークのもう一つの重みである$w_{k,l}$
はネットワークの深い位置にあります。したがって，この重み
とネットワークの出力（および誤差）の間には，さらに多くの
処理段階が存在します。次の積項を用いて，バックプロパゲー
ションによって（p.233 図6.7の一番下に示すように）ニュー
ロンkのδ項を計算します。

$$\delta_k = \frac{\partial a_k}{\partial z_k} \times (w_{k,l} \times \delta_l)$$

ニューロンkによって用いられる活性化関数がロジスティッ

ク関数と仮定すると，$\partial_{zl}/\partial_{zl}$と同じような方法で項$\partial_k/\partial_{zk}$を計算します。つまり，ロジスティック関数の導関数の等式に値z_kをあてはめます。δ_kの計算を長い式で表記すると，次のようになります。

$$\delta_k = \text{ロジスティック関数}(z_k) \times (1 - \text{ロジスティック関数}(z_k)) \times (w_{k,l} \times \delta_l)$$

ところが，重み$w_{j,k}$とネットワークの誤差を結びつけるためには，項δ_kに重みに関する重みつき和関数の偏導関数を乗じなければなりません。つまり，$\partial z_k / \partial w_{j,k}$となります。上述のように，重みに関する重みつき和関数の偏導関数によって，重み$w_{j,k}$に関連付けられた入力（すなわち，a_j）が小さくなります。さらに，a_jとδ_kを乗じ，隠れた重み$w_{j,k}$に関するネットワークの誤差の勾配を計算します。したがって，積項（$\partial z_k / \partial w_{j,k}$および$\delta_k$）によって重み$w_{j,k}$とネットワークの誤差をつなぎ合わせる鎖が形成されます。完全を期すために記述すると，ニューロンにロジスティック活性化関数が用いられると仮定すると，重み$w_{j,k}$の積項は以下のようになります。

$$\frac{\partial \text{誤差}}{\partial w_{j,k}} = \frac{\partial z_k}{\partial w_{j,k}} \times \delta_k = a_j \times \delta_k$$

ただ一つの結合経路をもつ極めて単純なネットワークという

文脈で，この議論を組み立てていますが，より複雑なネットワークにも汎化できます。なぜなら，隠れユニットの δ 項の計算は，すでに一つのニューロンから発生する複数の結合を考慮しているためです。ひとたび重みに関するネットワークの誤差の勾配を計算したら（∂誤差 / $w_{j,k}$ $= \delta_k \times a_j$），最急降下法の重み更新規則を用いて重みを調整し，ネットワークの重みを低減できます。バックプロパゲーションの表記法が指定されるとき，t 回アルゴリズムを反復処理する間のニューロン j とニューロン k の間の結合の重みに対し，次のように重み更新規則を表すことができます。

$$w_{j,k}^{t+1} = w_{j,k}^t + (\eta \times \delta_k \times a_j)$$

最後に，バックプロパゲーションと最急降下法を用いてニューラルネットワークを学習する際の重要な注意点について述べます。それは，線形モデルの誤差面と比べて，ニューラルネットワークの誤差面はかなり複雑であるということです。図6.3（p.209）では，線形モデルの誤差面を単一の最小値（単一の最適な重みのセット）をもつ滑らかな凸状の鉢として表現しました。ところが，ニューラルネットワークの誤差面は，いくつもの谷や頂点のある山脈に例えられます。なぜなら，ネットワーク内のニューロンの一つ一つにニューロンの入力と出力を写像する非線形関数が含まれ，そのためネットワークによって実行

される関数が非線形関数になるためです。ネットワークのニューロンの内部に非線形性が含まれると，より複雑な関数を学習する能力という観点から，ネットワークに余分な負荷がかかります。ところが，誤差面がさらに複雑になるため，最急降下法アルゴリズムを用いる場合，もはや誤差面上の最小値を定める重みのセットを発見できる保証がなくなるという代償を払わなければなりません。かわりに，アルゴリズムは最小値（局所的最小値）の範囲内で「身動きがとれなくなる」可能性があります。しかし，幸運なことに，それにもかかわらずバックプロパゲーションと最急降下法の併用によって，有益なモデルを定める重みのセットを発見することが，多くの場合可能です。ただし，有益なモデルの発見には学習プロセスを何回も実行し，誤差面の地表のさまざまな部分をくまなく調べる作業が必要になると予想されます。

第7章

ディープラーニングの未来

　2019年3月27日，ヨシュア・ベンジオ，ジェフリー・ヒントンとヤン・ルカンの三名がACMチューリング賞を共同受賞しました。この賞により，現代の人工知能の変革を駆動する主要技術になりつつあるディープラーニングに大いに貢献をした彼らの業績が称えられました。ACMチューリング賞は，しばしば「コンピュータ科学分野のノーベル賞」と称され，受賞者に授与される賞金は100万ドルです。数十年にわたり，ある時は協力し，またある時は独自に，あるいは他の研究者と共同研究を重ねてきた三名の研究者は，これまでディープラーニングに多大な貢献をしてきました。彼らの研究は，1980年代のバックプロパゲーションの普及に始まり，畳み込みニューラルネットワーク，単語の分散表現，ネットワークの注意機構，敵対的生成ネットワークの開発に至るまで，多岐にわたります（ここに挙げたのは，ほんの数例にすぎません）。授賞式では，

最近ディープラーニングによってコンピュータービジョン，ロボティクス，自然言語処理などの分野に目覚ましい飛躍的な進歩がもたらされた点，また，このような技術の数々が社会に多大な影響を及ぼしていること，さらに，今や数十億という人々が，スマートフォンのアプリを使って日常的に人工知能をベースにしたディープラーニングを活用しているという現状が，とく指摘されました。また，ディープラーニングが強力な新しいツールを科学者に与え，医学から天文学まで，多様な領域において，自然科学の飛躍的な進歩をもたらしている点も強調されました。この三名の研究者たちに同賞が授与されたことは，現代の科学や社会にとって，いかにディープラーニングが重要であるかを反映しています。ディープラーニングの開発と導入は，従来より大規模なデータセットの好循環，新しいアルゴリズムの開発，そしてハードウェアの改良によって引き続き促進され，今後数十年にわたり，ディープラーニングが技術にもたらす変革的な影響もますます顕著なものとなっていくでしょう。このような時代の流れは留まるところを知らず，ディープラーニング界がこの動向にいかに応えるかによって，今後のディープラーニング分野の成長やイノベーションの方向性が決定づけられるでしょう。

アルゴリズム上のイノベーションを牽引するビッグデータ

第1章では，「教師あり」，「教師なし」そして「強化学習」な

ど，様々な種類の機械学習を紹介しました。本書のページの大半は「教師あり学習」の解説に費やされていますが，その理由は機械学習の最も普及している形態が「教師あり学習」だからです。ところが，「教師あり学習」の問題点は，データセットに必要なターゲットラベルにアノテーションを付加するのに莫大な金額と膨大な時間がかかる恐れがあることです。データセットが増大するにつれ，データのアノテーション付加にかかる費用はディープラーニングの新たな用途の開拓の妨げとなっていくでしょう。ImageNetデータセット[1]は，ディープラーニングのプロジェクトに付随するアノテーション付加という骨の折れる作業の規模について説明するのにうってつけの例です。2010年にリリースされたこのデータに基づき，ImageNet大規模画像認識競技会（ILSVRC）が行われるようになりました。この競技会では，2012年にAlexNet畳み込みニューラルネットワークが優勝し，2015年にはResNetシステムが優勝を飾りました。第4章で論じたように，2012年のILSVRCでのAlexNetの優勝をきっかけに，ディープラーニングのモデルへの期待が大いに高まりました。しかし，ImageNetデータセットが考案されなければ，AlexNetの勝利は実現しなかったはずです。このデータセットには1400万個を超える画像が含まれ，それぞれの画像内にどのオブジェクトが存在するかを示すために，それらの画像に手動でアノテーションが付加されました。さらに，100万個を超える画像について，画像内のオブ

ジェクトのバウンディングボックスで実際にアノテーションが
付加されています。この規模でのデータのアノテーション付加
には、かなりの研究努力と多額の費用が必要となりますが、そ
れはクラウドソーシングプラットフォームの利用で実現されま
した。当然、あらゆる用途において、この規模でアノテーショ
ンを付加したデータセットを作成することは現実的ではありま
せん。

　このアノテーション付加の課題に対する一つの答えが、「教
師なし学習」に対する関心の高まりです。ヒントンの事前学習
で使用されたオートエンコーダのモデル（第4章を参照）は、
ニューラルネットワークを用いた「教師なし学習」の一つのア
プローチです。また、近年、異なる種類のオートエンコーダが
提案されています。この問題に対処するもう一つのアプローチ
として、生成モデルの学習が挙げられます。生成モデルは、デー
タ分布の学習（すなわち、データを生成したプロセスのモデ
ル化）を試みます。オートエンコーダ同様、多くの場合、生成
モデルは「学習あり」モデルを学習する前に、データの有益な
表現を学習するために用いられます。敵対性生成ネットワーク
（GAN）とは、生成モデルを学習するための一つのアプローチ
であり、近年とくに注目を集めています（出典：グッドフェロ
ーほか　2014年）。GANは二つのニューラルネットワーク、
生成モデルと識別モデルがそれぞれ一つずつと、実データのサ
ンプルで構成されます。モデルは敵対的な手法で学習されます。

データセットが増大するにつれ,
データのアノテーション付加に
かかる費用はディープラーニングの
新たな用途の開拓の
妨げとなっていくでしょう。

識別モデルは，データセットから抽出された実データと，ジェネレーターによって合成された偽データの識別を学習することを目指し，ジェネレーターの役割は，識別モデルをうまく騙せるような偽データの合成を学習することです。GANを用いて学習した生成モデルは，芸術的な表現方法を摸倣した偽の画像の合成を学習できます（出典：エルガマルほか　2017年）。また，病変のアノテーション付加と合わせて医用画像を合成することも可能です（出典：フリード・アダーほか　2018年）。合成された画像内の病変のセグメンテーションとともに，医用画像の合成を学習できれば，「教師あり学習」に使うことのできるラベルづけされたデータセットを大量に自動生成できる可能性があります。GANの応用にあたって大きな懸念となるのは，このようなネットワークを用いて，「ディープフェイク」を生成できる点です。ディープフェイクの例として，ある人物の顔を誰か別の人物の顔にすげ替え，実際にはその人が行っていなかったにもかかわらず，あたかもその行為に及んだかのように細工した偽の動画の作成などが挙げられます。ディープフェイクは見破るのが非常に難しく，著名人や公人を侮辱したり，フェイクニュースを広めるのに頻繁に悪用されてきました。

　データのラベルづけのボトルネックに対処するためのもう一つの解決策として，新たな用途向けにはじめから新しいモデルを学習するかわりに，似たようなタスクに関してはすでに学習済みのモデルを転用するという手法があります。転移学習は，

一つのタスクについて学習した情報（または表現）を用いて，別のタスクに関する学習を支援するという機械学習上の挑戦です。転移学習を成功させるには，転移元と転移先の二つのタスクが関連する領域から生じたものである必要があります。画像処理では，異なるタスクの全域にわたってモデルの学習の効率を上げるために，たびたび転移学習が用いられます。転移学習は画像処理のタスクに適しています。なぜなら，エッジなどの低次元の視覚的特徴は，ほぼすべての視覚的なカテゴリーを通じて比較的安定しており，有益であるためです。さらに，畳み込みニューラルネットワークのモデルは入力内の低次元の視覚的特徴を検出する畳み込みニューラルネットワーク学習関数の前方の層で，視覚的特徴の階層を学習します。それによって，複数の画像処理のプロジェクトを通じて事前学習した畳み込みニューラルネットワークの前方の層を転用することが可能になります。たとえば，あるプロジェクトに特殊なカテゴリーから対象を特定することができる画像分類モデルが欠かせないというシナリオを想定してみます。このとき，ImageNetなどの一般の画像のデータセットにはサンプルが存在しないものとします。新しい畳み込みニューラルネットワークモデルを一から学習するかわりに，すでにImageNetで学習された最新式のモデル（マイクロソフトのResNetモデルなど）をダウンロードしてから，モデルの後方の層を新しい層一式と置き換えます。そして，最後にプロジェクトに適切なカテゴリーでラベルづけ

された比較的小規模のデータセットでこの新しいハイブリッドモデルを学習するというのが，現在ではわりと標準的な手法です。最新の (一般) モデルの後方の層を置き換える理由は，これらの層には，低次元の特徴をタスク特有のカテゴリーに組み込む関数が含まれているからです。そのカテゴリーはもともとモデルの学習によって特定されることが意図されていたものです。事前にモデルの前方の層が学習し，低次元の視覚的特徴が特定されることで，トレーニングの効率が向上し，新しいプロジェクトに特有のモデルの学習に必要なデータ量が少なくてすみます。

　「教師なし学習」，生成モデル，そして転移学習への関心の高まりは，急増する大規模データセットへのアノテーション付加という課題への答えを求める動きからくるものと考えると，納得がいきます。

新しいモデルの出現

　毎年，新しいディープラーニングモデルが出現し，その数は年々増加しています。最近の例として挙げられるのが，カプセルネットワークです (出典：ヒントンほか　2018年，サブールほか　2017年)。カプセルネットワークは，畳み込みニューラルネットワークの制約のいくつかに対処することを目指して考案されました。畳み込みニューラルネットワークがオブジ

ェクトの構造内の高次元の構成要素同士の正確な位置関係を無視する問題は，時にピカソ問題として知られています。実際問題としてこれが意味するのは，顔認証の学習をした畳み込みニューラルネットワークは目や鼻，口などの形状の識別は学習できますが，これらの顔の部位の間の位置関係を学習しません。したがって，互いに相対的に正しい場所に配置されていないにもかかわらず，ネットワークはこれらの体の部位の含まれる画像に騙されてしまう可能性があります。この問題が生じるのは，畳み込みニューラルネットワーク内のプーリング層が位置情報を切り捨ててしまうためです。

　視点を変えずに対象物の種類の判別方法を学ぶという人間の脳のような直感的洞察が，カプセルネットワークの中核になっています。本質的には，それぞれの種類の対象物に対し一つのオブジェクト（対象物）クラスが存在し，そのクラスにはいくつものインスタンス化のパラメーターが含まれます。オブジェクトクラスは，異なるオブジェクトの部分同士の相対的な位置関係などの情報をエンコードします。インスタンス化のパラメーターは，オブジェクトの種類の抽象的な記述を現在視界に入っているオブジェクトの特定のインスタンス（姿勢, 縮尺など）にどのように写像するかを制御する役割を果たします。

　カプセルは一式のニューロンであり，画像のある特定の位置に，ある特定の種類のオブジェクトやオブジェクトの部位が存在するかどうかの識別を学習します。カプセルは，オブジェク

トのインスタンスが適切な位置に存在する場合，そのインスタンス化のパラメーターを表示する活性化ベクトルを出力します。ところが，カプセルネットワークはダイナミックルーティングと呼ばれる方法によって，しばしば畳み込み層の間の境界面を明確に定めるプーリング層を入れ替えます。ダイナミックルーティングの背後にあるのは，ネットワーク内の一つの層内のそれぞれのカプセルが，次の層内のどのカプセルがその出力ベクトルの送り先として最適かどうか予測することを学習するという考え方です。

　本章を執筆している時点で，カプセルネットワークは，本来畳み込みニューラルネットワークが学習したMNIST（エムニスト）の手書き数字認識のデータセットに関し，最先端のパフォーマンスを誇ります。ところが，今日の標準で見ると，これは比較的規模の小さいデータセットであり，まだカプセルネットワークは規模の大きなデータセットにまで拡大されていません。これは，ダイナミックルーティングのプロセスによってカプセルネットワークを学習する速度が減速することが一因です。しかし，カプセルネットワークの拡大に成功すれば，その暁にはニューラルネットワークの能力を伸ばす重要な新しいモデル形式が導入され，さらに人間の分析方法に似た方法によって画像分析をできるようになるかもしれません。

　注目度の高い最新のモデルとしてもう一つ挙げられるのが，トランスフォーマーモデルです（出典：バスワニほか 2017

年）。トランスフォーマーモデルは，ディープラーニングの成長を見てとれる一例です。モデルは精巧な内部注意機構を備えるように設計されているため，入力のサブセットを動的に選択し，それに焦点を当てながら出力を生成できます。トランスフォーマーモデルは，いくつかの言語の組み合わせによる機械翻訳で最先端のパフォーマンスを実現しました。将来的には，このアーキテクチャが第5章で解説したエンコーダーデコーダーのアーキテクチャに取って代わると見られています。BERT（トランスフォーマーによる双方向のエンコード表現）モデルは，トランスフォーマーのアーキテクチャ上に構築されました（出典：デブリンほか　2018年）。BERTの中核は転移学習の概念であるという理由から（先ほどデータへのアノテーションを付加する際のボトルネックに関連して説明したように），BERTの開発はとりわけ興味深いといえます。BERTを用いた自然言語処理モデルを作成する基本的なアプローチは，ラベルづけされていないデータセットを大量に用いて，所定の言語に対しモデルを事前学習することです（データセットにラベルづけがされていないことは，割安でモデルが作成できることを意味します）。その後，この事前学習したモデルをもとに，「教師あり学習」と，比較的規模の小さいアノテーションの付加されたデータセットを用いて事前学習したモデルを微調整し，その言語独自のタスク（たとえば，感情分類や質疑応答など）を実行できるモデルを作成します。BERTの成功によって，最先

端の自然言語処理システムを開発する際，このアプローチが扱いやすく，しかも効果的であることが証明されました。

新しいハードウェアの形態

今日のディープラーニングは，高速行列積を実行するために最適化された特殊なハードウェアである画像処理装置（GPU）に支えられています。2000年代後半の汎用GPUの導入によって，ニューラルネットワーク学習の効率が向上しました。これは，ディープラーニングに先導される形で弾みがついた多くの飛躍的な進歩の一つです。ここ十年間で，ハードウェアメーカーはディープラーニング市場の重要性に気づき，ディープラーニングのために特別に設計されたハードウェアを発売してきました。そのようなハードウェアはTensorFLow（テンセルフロー）やPyTorch（パイトーチ）のようなディープラーニングのライブラリに対応しています。データセットとネットワークの規模が大きくなるにつれ，より高速なハードウェアが引き続き求められていくでしょう。しかし，それと同時に，ディープラーニングに関連したエネルギーコストについての認識も高まりつつあります。人々はエネルギーのフットプリントを削減できるハードウェアの解決策を模索しはじめています。

1980年代の後半に登場したニューロモルフィックコンピューティングは，カーバー・ミードの研究から生まれました[2]。ニューロモルフィックチップは超大型集積（VLSI）回路で構成

され，スパイキングニューロンとして知られる数百万個の低出力装置を結合する可能性を秘めています。標準のディープラーニングシステムに使用される人工ニューロンと比べて，スパイキングニューロンの設計は生体ニューロンの動きにさらに近づいています。具体的に説明すると，スパイキングニューロンは，特定の時点でニューロンに伝播された入力活性値に反応して発火しません。かわりに，活性化パルスを受けとるたびに，内部状態（つまり活性化電位）を経時で変化させていきます。新しい活性値を受けると活性化電位が上昇し，活性値を受けとらなければ，時間が経つにつれて減衰します。ニューロンの活性化電位が特定の閾値を超えると，ニューロンが発火します。ニューロンの活性化電位の経時の減衰のため，ある時間枠内に必要な数だけ入力活性化を受け取った場合に限り（スパイクパターン），スパイキングニューロンが発火します。この経時の処理の利点の一つは，スパイキングニューロンが伝播サイクルごとに発火しないことです。そのため，ネットワークによって消費されるエネルギー量も節約できます。

　従来のCPU設計と比較すると，ニューロモルフィックチップにはいくつもの特筆すべき特長があります。その中のいくつかを以下に説明します。

1. 基本的な構成要素。従来のCPUはトランジスタを基本とする論理ゲート（AND，OR，NANDゲートなど）を用いて

構築されますが，ニューロモルフィックチップはスパイキ
ングニューロンを用いて構築されます。

2. ニューロモルフィックチップにはアナログ方式の側面があ
ります。従来のデジタルコンピュータでは，中央のクロッ
クと同期する形で，高低の電気バーストによって情報が送
信されます。ニューロモルフィックチップでは，時間の経
過とともに変化する高低の信号のパターンとして情報が送
信されます。

3. アーキテクチャ。従来のCPUのアーキテクチャはノイマン
型を基本とします。本来，ノイマン型はCPUを通過するす
べての情報が一か所に集中します。一方，ニューロモルフ
ィックチップは，スパイキングニューロンの間で膨大な情
報の流れが並列処理されるように設計されています。スパ
イキングニューロンは，中央の情報処理ハブを経由せず，
お互い直接やり取りをします。

4. 時間の経過とともに，情報の表現が分散されます。ニュー
ロモルフィックチップを通じて伝播される情報信号は分
散表現を使います。これは，第4章で解説した分散表現に
似たもので，ニューロモルフィックチップに関しても，こ
の表現は経時的に分散されるという特徴があります。分散

表現は，局所表現よりも，情報の損失の影響を受けにくいという特性があり，数百ないし数千，いや数百万という，しかもその一部は失敗する可能性が高いコンポーネントに情報を通過させる際にとくに有益です。

現在，ニューロモルフィックコンピューティングに特化した大規模な研究プロジェクトがいくつも進行中です。例を挙げると，2013年，欧州委員会は10年計画の「ヒューマンブレインプロジェクト 3)」に10億ユーロの助成金を割り当てました。500人以上の科学者を直接採用し，ヨーロッパ全土の100か所を超える研究センターで研究が行われています。プロジェクトの主な目的の一つは，人間の脳を完全にシミュレーションするニューロモルフィックコンピューティングの基盤を開発することです。市販のニューロモルフィックチップも数多く開発されてきました。2014年，IBM Research は TrueNorth チップを発売しました。このチップには，2億8600万個を超えるシナプスによって接続された百万個強のニューロンが内蔵されています。それでいてチップが消費する電力は，従来のマイクロプロセッサーのおよそ1万分の1です。2018年，インテルラボは Loihi (ロイヒ) ニューロモルフィックチップを発表しました。Loihi チップには1億3000万個のシナプスで接続された13万1,072個のニューロンが内蔵されています。ニューロモルフィックコンピューティングはディープラーニングに革命を

おこす可能性を秘めていますが，数々の課題に直面しています。その最たるものが，この規模での超並列ハードウェアをプログラミングするためのアルゴリズムとソフトウェアのパターンの開発という難題です。

　最後になりますが，やや長期的な展望として，ディープラーニングに変革をおこす可能性のあるハードウェア研究のもう一つの動向として，量子コンピュータを紹介しておきましょう。量子コンピュータのチップはすでに存在します。たとえば，インテルは，「タングルレイク（Tangle Lake）」と名づけられた49量子ビットのテストチップを開発しました。量子ビットは，従来のコンピュータ計算でいうところの二進数（ビット）に相当します。量子ビットは1ビットを上回る情報を保存できます。とはいっても，量子コンピューティングを商業的に利用できるようになるには，100万量子ビット，またはそれ以上の量子ビットを備えたシステムが必要です。この水準まで量子チップの規模を拡大するには，現時点の予想で約7年かかるといわれています。

解釈の可能性という課題

　基本的には，機械学習とディープラーニングの目的は，データドリブンの意思決定をすることにあります。ディープラーニングによって，効果的な一連のアルゴリズムと専門技術が提供され，多岐にわたる意思決定のタスクに関して人間の能力に匹

敵する（場合によっては人間を凌ぐ）モデルの学習が実現します。ただし，単なる決定だけでは不十分な状況も数多くあります。多くの場合，決定だけではなく，決定を裏づける根拠も提示しなくてはなりません。これは，とくに医療診断や信用評価など，決定が人間に影響をおよぼす分野で当てはまります。このような懸念は，個人データの使用とアルゴリズムを用いた個人にかかわる意思決定に関するプライバシーと倫理に関する規制に反映されています。たとえば，EU（欧州連合）一般データ保護規則（GDPR）の備考71[4]では，自動意思決定プロセスによる決定の影響を受ける個人は，どのようにしてその決定に至ったのか,その説明を受ける権利を有すると明記されています。

　機械学習モデルの種類が異なることによって，どのようにしてそれぞれの決定に至るのかということについて，異なるレベルでの解釈が生じる可能性があります。しかし，おそらくディープラーニングモデルの場合，解釈の選択肢は最も狭まるでしょう。あるレベルから見れば，ディープラーニングのモデルは極めて単純です。つまり,ネットワークの中で互いに結合する,単純な処理装置（ニューロン）で構成されます。しかし，ネットワークの規模（ニューロンの数およびニューロン同士の結合という面で），分散された性質をもつ表現，そしてネットワークの奥深くに情報が流れ込むにつれ，入力データが逐次変化するという性質のため,どのようにネットワークが入力を用いて,決定を行っているのかを解釈，理解し，説明することが極めて

難しくなります。

　今のところ，GDPRが規定する「説明を受ける権利」の法的な解釈は曖昧です。とくに，機械学習とディープラーニングにおよぼす影響については，法廷での議論が必要となるでしょう。しかしながら，この例によって，ディープラーニングのモデルによるデータ利用について理解を深めなければならないという社会的なニーズが浮き彫りになります。さらに，ディープラーニングのモデルの内部構造を解釈し，理解する能力は，技術的視点からも重要です。たとえば，どのようにモデルがデータを利用するかを理解すれば，モデルの意思決定の方法に望ましくないバイアスが含まれるかどうかがはっきりします。また，モデルが失敗するであろう，滅多に発生しない極端なケースも明らかになります。ディープラーニングと，それよりさらに広範囲に及ぶ人工知能を研究している団体は，すでにこの課題に取り組んでいます。目下，説明可能な人工知能や機械学習の人間による解釈可能性といったテーマに焦点を合わせた数々のプロジェクトや学術会議が開催されています。

　クリス・オラーとその同僚の研究者は，現在用いられている主な専門技術を簡潔にまとめ，ディープラーニングのモデルの内部構造を「特徴の視覚化」，「属性」，「次元削減」の観点から説明しています（出典：オラーほか　2018年）。ネットワークの情報処理方法を理解する一つの方法は，ニューロンの発火のようなネットワーク内の特定の動きを引きおこす入力が何であ

るかを理解することです。ニューロンの活性化の引き金となる特定の入力を理解することで，ニューロンがその入力の中での検出を学習した内容を具体的に理解できるようになります。特徴の視覚化の目的は，ネットワーク内の特定の活動の原因となる入力を生成し，視覚化することです。バックプロパゲーションなどの最適化技法を用いて，このような入力を生成できることが証明されます。無作為に生成された入力を用いてプロセスを開始し，ターゲットの動きが誘発されるまで繰り返し入力を更新します。必要な入力が分離されれば，入力がある特定の方法で反応するとき，ネットワークがその中に検出しているものをさらによく理解するために，入力を視覚化できます。属性は，ニューロン同士の関係の説明，たとえばネットワークの一つの層内のニューロンの出力が，どのように全体的なネットワークの出力を助けるかということに注目します。これは，ネットワーク内のニューロンの突出（つまりヒートマップ）を生成することで実現します。最後に付け加えると，ディープラーニングネットワーク内の活動の大部分が，高次元ベクトルの処理をもとにしています。データの可視化によって，私たち人間の効果的な視覚野を用いて，データおよびデータ内の関係性の解釈が可能になります。ところが，3次元を超える次元を持つデータの可視化は極めて困難です。したがって，高次元データの次元を体系的に減らしたり，結果を可視化できる視覚化技術は，ディープネットワーク内の情報の流れを解釈するうえで非常に便

利なツールです。なかでもt-SNE[5]はよく知られており，それ
ぞれのデータポイントを2次元または3次元の写像に投射し
て，高次元データを可視化します(出典：ファン・デル・マー
テンおよびヒントン　2018年)。ディープラーニングネット
ワークの解釈に関する研究は，まだ産声を上げたところです。
しかし，社会的問題と技術上の理由から，この研究は今後数年
のうちに広範囲にわたるディープラーニングのコミュニティに
おいて，ますます注目を集めるようになるでしょう。

結論

　ディープラーニングは，大規模な高次元データのデータセッ
トを扱う用途にうってつけです。現代の重要な科学的課題のい
くつかの解決に大きく貢献をする可能性が高いといえるでしょ
う。過去20年間に生物学上のシーケンシング技術が飛躍的に
進歩したことで，高精度のDNA塩基配列の構築が可能になり
ました。この遺伝子データは，次世代のパーソナライズ(個別
化)された精密医療の基盤となる可能性を秘めています。同時
に，大型ハドロン衝突型加速器や地球軌道望遠鏡などの国際的
な研究プロジェクトによって，日常的に膨大な量のデータが生
成されます。このデータの分析は，私たちを取り巻く宇宙の物
理的現象を電子顕微鏡が必要なミクロのレベルと，望遠鏡でも
確認できないマクロのレベルで理解する際に役立ちます。この
「データの洪水」に対処するために，機械学習とディープラー

ネットワークの
情報処理方法を理解する一つの方法は，
ニューロンの発火のような
ネットワーク内の
特定の動きを引きおこす入力が
何であるかを理解することです。

ニングに注目し，データの分析を目指して日々奮闘する科学者
の人数は増加の一途をたどっています。

　ところが，ありふれた日常的なレベルでのディープラーニン
グは，私たちの生活に直接影響をおよぼします。とくにここ数
年，知らず知らずのうちにディープラーニングのモデルを日常
的に用いている可能性が非常に高くなっています。インターネ
ットの検索エンジン，機械翻訳システム，カメラまたはソーシ
ャルメディアのウェブサイトで顔認証システムを利用したり，
スマートデバイスの音声インターフェースを使うたびに，十中
八九，ディープラーニングのモデルが働いています。より大き
な懸念となる可能性があるのは，オンラインの世界を移動する
たびに残されるデータやメタデータの「足跡」もディープラー
ニングモデルを用いて処理され，分析されているという事実で
す。だからこそ，ディープラーニングとは一体何であるのか，
どのように機能するのか，ディープラーニングを利用して何が
できるのか，そして現時点での限界について理解することが，
非常に重要なのです。

用語集

アンダーフィット
機械学習アルゴリズムが返すモデルがあまりにも極端に単純化されすぎて，ドメイン内の入力と出力間の関係性について真の複雑性をとらえることができない場合に，データセットのアンダーフィットが発生する。

オーバーフィット
機械学習のアルゴリズムが返すモデルがかなり複雑であり，データサンプル内のノイズによって引き起こされるデータ内のわずかな差異をモデル化できる場合に，データセットのオーバーフィットが発生する。

活性化関数
ニューロンへの入力の重みつき和の結果を入力として使い，この重みつき和を非線形写像に適用する関数。ネットワークのニューロンの中に活性化関数を含めることで，ネットワークは非線形写像を学習できるようになる。よく使われる活性化関数の例として，ロジスティック関数，双曲線正接関数，正規化線形（ReLU）関数が挙げられる。

関数
関数は，入力値一式からの一つ以上の出力値の決定論的写像である。機械学習の文脈では，関数という用語はモデルという用語と同義で用いられる場合が多い。

機械学習（ML）
コンピュータが経験から学習することを実現するアルゴリズムの開発と評価に焦点を当てたコンピューターサイエンスの研究分野。一般的には，経験の概念は過去に起きた事象のデータセットとして表現される。学習にはデータセットから有益なパターンを識別し，抽出する作業が伴う。機械学習アルゴリズムは，入力としてデータセットを選び出し，アルゴリズムがデータから抽出（または学習）したパターンをコード化するモデルを返す。

機械学習アルゴリズム
データセットを分析し，データ内のパターンに一致するモデル（すなわち，コンピュータープログラムとしての関数のインスタンス化）を返答するプロセス。

強化学習

強化学習の目標は，所定の環境でエージェントがどのようにその機能を発揮すべきかということに関する方策を学習することである。方策とは，エージェントの現在の環境の観察とその内部状態を取るべき行動に写像する関数を指す。通常，ロボット制御やゲームのプレイをはじめとするオンラインでの制御タスクに用いられる。

教師あり学習

機械学習の一つの形態。あるインスタンスの一式の入力属性と，同じインスタンスのターゲット属性の正確な推定欠損値を写像する関数の学習を目標とする。

教師なし学習

機械学習の一つの形式であり，データ内の類似インスタンスのクラスタなどの規則性の特定を目標とする。教師あり学習と異なり，教師なし学習のタスクにはターゲット属性が存在しない。

勾配消失

勾配消失問題は，ネットワークに追加される層の数が増えると，ネットワークの学習に費やされる時間が増えるという現象を説明する。この問題の原因は，バックプロパゲーションと最急降下法を使ってニューロンネットワークを学習する際，ネットワーク内のニューロンに入ってくるリンクの重みの更新が，ニューロンの出力に関するネットワークの誤差の勾配（または感度）に左右されることである。バックプロパゲーションを使う場合，ニューロンを通じて誤差勾配を逆方向に共有するプロセスには，多くの場合1に満たない値同士の一連のかけ算が必要である。その結果，ネットワークを通じて誤差勾配が逆方向に通過するたびに，誤差勾配が段々小さくなる（すなわち，誤差勾配が消失する）。この直接的な結果として，ネットワークの初めの層内の重みへの更新は非常にわずかであり，このような層内のニューロンの学習には長い時間がかかる。

最急降下法

最急降下法は最適化アルゴリズムであり，データセット内のパターンのモデル化に関し，誤差を最小限に抑える関数を発見する。ニューラルネットワークの学習という文脈では，ニューロンの出力の誤差を最小限に抑えるニューロンの重みを発見するためには最急降下法が用いられる。アルゴリズムが下る勾配は，ニューロンの重みが更新される際のニューロンの誤差勾配である。このアルゴリズムは頻繁にバックプロパゲーションと併用され，ニューロンの隠れ層を持つニューラルネットワークを学習する。

再帰型ニューラルネットワーク

再帰型ニューラルネットワークは一層の隠れ層を持ち，次の入力と一緒にその出力がこの層にフィードバックされる。このネットワーク中のフィードバック（または再発）によって，ネットワークに記憶が備わり，以前に処理した内容に照らし合わせてそれぞれの入力を処理できるようになる。再帰型ニューラルネットワークは，順序データまたは時系列データの処理に最適である。

GPU（画像処理装置）

高速行列乗算用に最適化された専用ハードウェア。当初はグラフィックスレンダリングの速度向上を目的として設計されたが，ニューラルネットワークの学習の効率向上にも効果的であることが判明した。

人工知能

通常は人間の知能が必要とされるタスクや活動を実行できる計算システムの開発にとくに焦点を当てた研究分野。

正規化線形（ReLU）ユニット

正規化線形（ReLU）ユニットは，正規化線形関数をての活性化関数として使うニューロン。

ターゲット属性

教師あり機械学習では，ターゲット属性はモデルにその推定値を学習させる属性を指す。

畳み込みニューラルネットワーク

畳み込みニューラルネットワークは，その中に少なくとも一層の畳み込み層が含まれるネットワークである。畳み込み層は同じ一式の重みを共有する一式のニューロンで構成され，結合した受容野が入力全体を網羅する。このような一式のニューロンの出力の結合は，特徴写像として知られる。多くの畳み込みニューラルネットワークでは，特徴写像は正規化線形（ReLU）活性化層を通過し，次にプーリング層を通過する。

長短期記憶（LSTM）

再帰型ニューラルネットワークの勾配消失問題に対処するために設計されたネットワーク。このネットワークは，ある時間ステップから次の時間ステップへと活性値が流れ込むセルブロックと，このような活性値の流れを制御するセルブロックのゲート一式で構成される。ゲートはシグモイド関数と双曲線正接活性化関数の層を使って実装される。標準のLSTMアーキテクチャは，忘却ゲート，更新ゲートおよび出力ゲートの三つのゲートから成る。

データセット
インスタンスの集合であり，それぞれのインスタンスはその特性一式について記述したものとなる。最も基本的な形では，データセットは $n \times m$ 行列で配列され，n はインスタンスの数（行），m は特性の数（列）をそれぞれ表す。

ディープラーニング（深層学習）
ディープラーニングは機械学習の一分野であり，現代のニューラルネットワークのモデル用のアルゴリズムの学習とアーキテクチャを設計し，評価する。ディープニューラルネットワークは，複数の（二つを上回る）層の隠れユニット（またはニューロン）をもつネットワークである。

ニューラルネットワーク
ニューロンと呼ばれる単純な情報処理装置のネットワークとして実装される機械学習モデルの一種。ネットワーク内のニューロン間の結合を修正することで，さまざまな種類のニューラルネットワークの作成が実現する。一般に普及しているニューラルネットワークとして，フィードフォワード，畳み込み，再帰型ネットワークが挙げられる。

ニューロン
ディープラーニングの文脈では（脳科学とは対照的に），ニューロンは単純な情報処理アルゴリズムを指す。多くの数値を入力として選び，これらの値を高出力または低出力の活性値へと写像する。通常，この写像の実装方法としては，まずそれぞれの入力値に重みを乗じ，その結果を合計してから，最後に重みつき和の結果を活性化関数に渡す。

ニューロモルフィックコンピューティング
ニューロモルフィックチップは，超並列で接続された，極めて大規模なスパイキングニューロンのアーキテクチャで構成される。

バックプロパゲーション（誤差逆伝播法）
バックプロパゲーションアルゴリズムは，ニューロンの隠れ層を持つニューラルネットワークの学習に使用される機械学習アルゴリズムである。トレーニング中，ネットワーク内の重みが反復的に更新され，ネットワークの誤差を低減する。ネットワーク内の特定のニューロンに表れる連結の重みを更新するためには，はじめにネットワーク全体の誤差に対してそのニューロンの出力が貢献する推定値を概算しなければならない。バックプロパゲーションアルゴリズムは，ネットワーク内のそれぞれのニューロンの推定値を概算する解決策である。それぞれのニューロンの誤差の推定値を計算後，最急降下法などの最適化アル

ゴリズムを使って，ニューロンの重みを更新できる。バックプロパゲーションは，フォワード（順方向）パスとバックワード（逆方向）パスの二段階で機能する。フォワード・パスでは，ネットワークに一つのサンプルが提示される。ネットワークの出力とデータセット内に指定されたサンプルに対し期待される出力値を比較することで，ネットワークの出力層でネットワーク全体の誤差を計算する。バックワードパスでは，ネットワークを通じてネットワークの誤差が逆方向に共有される。このとき，ニューロンはそのニューロンの出力の変化に対する誤差の感度に比例して，誤差の責任の一部を受け取る。ネットワークを通じて誤差を逆方向に共有するプロセスは「誤差の逆伝播」として知られ，このアルゴリズムの名前はこれに由来する。

フィードフォワード（順伝播）ネットワーク

フィードフォワードネットワークは，ネットワーク内のすべての結合がそのあとの層のニューロンに向かうニューラルネットワークである。つまり，ニューロンの出力から前方の層のニューロンの入力に逆方向に進む結合は存在しない。

モデル

機械学習では，モデルとは機械学習アルゴリズムがすでにデータセットから抽出したパターンをエンコードするコンピュータープログラムを指す。多種多様な機械学習のモデルが存在するが，ディープラーニングは複数の層の隠れニューロンを持つニューラルネットワークモデルの作成に特化している。データセットで機械学習アルゴリズムを実行することで，モデルが作成（または学習）される。ひとたびモデルが学習されると，新しいインスタンスの分析に使うことができる。学習されたモデルを用いて新しいインスタンスを分析するプロセスを説明するために，推論という用語が用いられることがある。機械学習の文脈では，モデルと関数という用語は同義で用いられる場合が多い。モデルはコンピュータープログラムとして関数をインスタンス化したものである。

注釈

第 1 章

1) https://deepmind.com/research/alphago/。
2) イロレーティング・システムとは，チェスのようなゼロサムゲームでプレーヤーの技能レベルを計算する方法です。考案者であるアルパド・イロの名をとって命名されました。
3) データ中のノイズとは，破損データまたは間違ったデータを意味します。データ中のノイズの原因として，センサーの故障，誤ったデータ入力などが考えられます。
4) 機械学習を用いて解決しようとしている問題またはタスクという意味で「定義域」という用語を使っています。例を挙げると，スパム（メール）の振り分け，住宅価格の予測または X 線写真の自動分類などが定義域です。
5) より複雑なデータセットの表現が必要になるシナリオがいくつか存在します。たとえば，時系列データでは，それぞれの行列がある時点のシステムの状態を説明する，一連の 2 次元の行列で構成され，時間の経過とともに連結する 3 次元の表現がデータセットに必要になる場合があります。「テンソル」という用語は，「行列」の概念をより高次元に汎化するものです。

第 2 章

1) 年収と幸福度の関係はある程度まで直線関係ですが，年収がある水準を超えて高くなると，それ以上増加しても幸福度は上昇しないということが分かっています。アメリカのカーネマンおよびディートンの研究（2010 年）によって，アメリカにおける一般的な限度額は年収約 7 万 5,000 ドルであり，それ以上年収が増加しても国民の精神的な幸福度は向上しないことが明らかになりました。
2) これは第 1 章の表 1.1 で用いられたデータセットと同じです。ここでは便宜上，同じものを再び使っています。

第 3 章

1) 原点とは二本以上の軸が交差する座標系の位置です。2 次元座標系では，x 軸と y 軸が交差する場所，すなわち，座標 $x = 0$ および $y = 0$ の位置が原点です。
2) 第 2 章では，同じアプローチを使って，線形モデルの切片パラメーターをモデルの重みに統合しました。
3) この列の構成を強調するために，重みに「行・列」ではなく，「列・行」の順番で添字をけました。
4) ネットワークの規模と拡大に関するさらなる考察については，23 ページのグッドフェローら（2016 年）の p.23 を参照のこと。

第4章

1) 図3.6および図3.7は，閾値活性化関数を使うニューロンの線形（直線）決定境界線を示しています。

2) パターン完成および誤差補正のために連想記憶を用いるという説明は，2003年マッケイの第42章の事例を参考にしました。

3) たとえば，ポール・ワーボスが1974年に執筆した博士論文は，人工ニューラルネットワークの学習における誤差の逆伝播の使用について解説した最初の出版物として評価を確立しています。

4) このセクションの冒頭で紹介したホップフィールドネットワークアーキテクチャにも，再帰型の結合（ニューロン間のフィードバックループ）が含まれています。しかし，ホップフィールドアーキテクチャの設計上，ホップフィールドネットワークはシーケンスを処理できません。したがって，正規のRNNアーキテクチャとはみなされません。

5) このチャーチランドの名言は2003年のマーカスの著書（p.25）に記されているものです。

6) 論文『Deep Learning Conspiracy』（『Nature』誌521号，p.431）の批評。2015年6月，ユルゲン・シュミットフーバーが投稿した論文 http://people.idsia.ch/~juergen/deep-learning-conspiracy.html から閲覧可能。

7) オートエンコーダによって，ネットワークが情報価値のない入力から出力への写像を学習する可能性がやむを得ず排除されてしまう例は他にも多数存在します。たとえば，入力パターンにノイズが注入され，ノイズの含まれないデータを再構築するようにネットワークが学習される可能性もあります。あるいは，隠れ（またはエンコード）層内のユニットが二進値を持つように制限される場合もあります。確かに，ヒントンとその同僚は最初の事前学習の研究で，エンコード層に二進単位を用いる制限ボルツマンマシン（RBM）と呼ばれるネットワークを用いていました。

8) 事前学習中に学習される層の数は，データサイエンティストの直感と試行錯誤の実験に基づいて設定されるハイパーパラメーターです。

9) 早ければ1971年の時点で，アレクセイ・イワコネンコのGMDH手法を用いてディープネットワークを学習できることが証明されていましたが（最大で8層までのネットワーク），研究者のコミュニティはこの手法を正当に評価しませんでした。

10) グロットの初期化は，ザビエルの初期化としても知られます。この名前は，この初期化の手順が提案された最初の論文『Understanding the Difficulty of Training Deep Feedforward Neural Networks』（2010年第13回人工知能と統計学に関する国際会議（AISTATS）議事録（p.249～256）の共著者であるザビエル・グロットとヨシュア・ベンジオのうちのザビエル・グロットに由来します。

11) グロロットの初期化は，0 の平均値を持つおよび 2 の平方根を $nj + nj+1$ で割った値に設定された標準偏差からの重みの標本抽出として限定することも可能です。

12) https://developer.nvidia.com/cuda-zone。

第5章

1) ここで提示した LSTM ユニットの説明は，クリストファー・オラーが投稿した秀逸なブログからヒントを得ました。LSTM について明確かつ詳細に説明されています。投稿は，http://colah.github.io/posts/2015-08-Understanding-LSTMs/ より閲覧可能。

2) 実際にはシグモイド関数はロジスティック関数のなかでも特殊ですが，この議論の趣旨上，区別することは無意味です。

3) たとえば出力範囲が 0 から 1 までのシグモイドユニットが用いられるとしたら，それぞれの更新ごとに活性値が維持されるか，あるいは，増加するかのいずれかの状態になります。最終的には，セルは最大値で飽和状態になります。

第6章

1) この図は第4章でも用いたもので，ここでも便宜上，同じものを用います。

第7章

1) http://www.image-net.org。

2) https://en.wikipedia.org/wiki/Carver_Mead。

3) https://www.humanbrainproject.eu/en/。

4) この備考は，規則のなかでも法的拘束力を持たない部分ですが，法的な意味合いを明確化するために引用しています。

5) ローレンス・ファン・デル・マーテンおよびジェフリー・ヒントン，『Visualizing Data using t-SNE』，Journal of Machine Learning Research 第9号（2008 年）：2579-2605。

参考文献

I・N・アイゼンバーグ, N・N・アイゼンバーグ, J・ファンデワレスル　2000年　Multi-Valued and Universal Binary Neurons: Theory, Learning and Applications. Springer.

I・グッドフェロー, Y・ベンジオ, A・カービル　2016年　Deep Learning. MIT Press.

I・グッドフェロー, J・プージェ・アバディ, M・ミルザ, B・シュー, D・ワード・ファーリー, S・オザー, A・カービル, J・ベンジオ　2014年　"Generative Adversarial Nets." In Advances in Neural Information Processing Systems 27: 2672–2680.

I・スツケベル, O・ビンバルス .Q・V・リー　2014年　"Sequence to Sequence Learning with Neural Networks." In Advances in Neural Information Processing Systems (NIPS), pp. 3104–3112.

R・デクター　1986年　"Learning While Searching in Constraint-Satisfaction-Problems." In Proceedings of the Fifth National Conference on Artificial Intelligence (AAAI-86), pp. 178–183.

V・ミンヒ, K・カヴァキュオグル, D・シルバー, A・グレーブス, I・アントノグロー, D・ウィエストラ, M・リードミラー　2013年　"Playing Atari with Deep Reinforcement Learning." ArXiv13125602 Cs.

A・エルガマル, B・リウ, M・エルホセイニー, M・マッツォーネ　2017年　"CAN: Creative Adversarial Networks, Generating 'Art' by Learning about Styles and Deviating from Style Norms." arXiv:1706.07068.

A・L・マース, A・Y・ハナン, A・Y・ウン　2013年　"Rectifier Nonlinearities Improve Neural Network Acoustic Models." In Proceedings of the Thirteenth International Conference on Machine Learning (ICML) Workshop on Deep Learning for Audio, Speech and Language Processing, p. 3.

A・クリゼフスキー, I・スツケベル, G・E・ヒントン　2012年　"Imagenet Classification with Deep Convolutional Neural Networks." In Advances in Neural Information Processing Systems, pp. 1097–1105.

A・G・イワコネンコ　1971. "Polynomial Theory of Complex Systems." IEEE Trans. Syst. Man Cybern. 4: 364–378.

A・バスワニ，N・シェーザー，N・パーマー，J・ウシュコライト，L・ジョーンズ，A・N・ゴメス，L・カイザー，I・ポロスキン　2017年　"Attention Is All You Need." In Proceedings of the 31st Conference on Neural Information Processing (NIPS), pp. 5998–6008.

S・エルクラーノ＝アウゼル　2009年　"The Human Brain in Numbers: A Linearly Scaled-up Primate Brain." Front. Hum. Neurosci. 3. https://doi.org/10.3389/neuro.09.031.2009.

S・サブール，N・フロスト，G・E・ヒントン　2017年　"Dynamic Routing Between Capsules." In Proceedings of the 31st Conference on Neural Information Processing (NIPS). pp. 3856–3866.

S・ホッフライター　1991年　Untersuchungen zu dynamischen neuronalen Netzen (Diploma). Technische Universität München.

S・ホッフライター，J・シュミットフーバー　1997年　Long Short-Term Memory." Neural Comput. 9: 1735–1780.

X・グロロット，Y・ベンジオ　2010年　"Understanding the Difficulty of Training Deep Feedforward Neural Networks." In Proceedings of the Thirteenth International Conference on Artificial Intelligence and Statistics (AISTATS), pp. 249–256.

X・グロロット，A・ボルデ，Y・ベンジオ　2011年　"Deep Sparse Rectifier Neural Networks." In Proceedings of the Fourteenth International Conference on Artificial Intelligence and Statistics (AISTATS), pp. 315–323.

N・J・ニルソン　1965年　Learning Machines: Foundations of Trainable Pattern-Classifying Systems, Series in Systems Science. McGraw-Hill.

F・ローゼンブラット　1960年　On the Convergence of Reinforcement Procedures in Simple Perceptrons (Project PARA). (Report No. VG-1196-G-4). Cornell Aeronautical Laboratory, Inc., Buffalo, NY.

F・ローゼンブラット　1962年　Principles of Neurodynamics: Perceptrons and the Theory of Brain Mechanisms. Spartan Books.

F・ローゼンブラット　1958年　The Perceptron: A Probabilistic Model for Information Storage and Organization in the Brain." Psychol. Rev. 65: 386–408. https://doi.org/10.1037/h0042519.

M・フリード・アダー，I・ディアマント，E・クラング，M・アミタイ，J・ゴールドバーガー，H・グリーンスパン　2018 年　"GAN-based Synthetic Medical Image Augmentation for Increased CNN Performance in Liver Lesion Classification." arXiv:1803.01229.

M・ミンスキー，S・パパート　1969 年　Perceptrons. MIT Press.

L・ファン・デル・マーテン，G・E・ヒントン　2008 年　"Visualizing Data Using t-SNE." J. Mach. Learn. Res. 9, 2579–2605.

K・S・オ，K・ユング　2004 年　"GPU Implementation of Neural Networks." Pattern Recognit. 36: 1311–1314.

K・シュー，J・バー，R・キロス，K・チョウ，A・カービル，R・サラクートディノフ，R・ゼメル，Y・ベンジオ　2015 年　"Show, Attend and Tell: Neural Image Caption Generation with Visual Attention." In Proceedings of the 32nd International Conference on Machine Learning, Proceedings of Machine Learning Research. PMLR, pp. 2048–2057.

K・チェラピッラ，S・プリ，パトリス・シマード　2006 年　"High Performance Convolutional Neural Networks for Document Processing." In Tenth International Workshop on Frontiers in Handwriting Recognition.

K・ヘー，X・チャン，S・レン，J・サン　2016 年　"Deep Residual Learning for Image Recognition." In IEEE Conference on Computer Vision and Pattern Recognition (CVPR). IEEE, pp. 770–778.https://doi.org/10.1109/CVPR.2016.90.

C・オラー，A・サティアナラヤン，I・ジョンソン，S・カーター，S・ルードウィッヒ，K・イェー，A・モードバンツェフ　2018 年　"The Building Blocks of Interpretability." Distill. https://doi.org/10.23915/distill.00010.

G・E・ヒントン，S・サブール，N・フロスト　2018 年　"Matrix Capsules with EM Routing." In Proceedings of the 7th International Conference on Learning Representations (ICLR).

G・F・マーカス　2003 年　The Algebraic Mind: Integrating Connectionism and Cognitive Science. MIT Press.

J・L・エルマン　1990 年　"Finding Structure in Time." Cogn. Sci. 14: 179–211.

J・シュミットヒューバー　2015年　"Deep Learning in Neural Networks: An Overview." Neural Netw. 61: 85–117.

J・J・ホップフィールド　1982年　"Neural Networks and Physical Systems with Emergent Collective Computational Abilities." Proc. Natl. Acad. Sci. 79: 2554–2558. https://doi.org/10.1073/pnas.79.8.2554.

J・D・ケレハー, B・ティアニー　2018年　Data Science. MIT Press.

J・デブリン, M・W・チャン, K・リー, K・トゥタノバ　2018年　"Bert: Pre-training of deep bidirectional transformers for language understanding." arXiv preprint arXiv:1810.04805.

W・S・マカロック, W　ピッツ　1943年　A Logical Calculus of the Ideas Immanent in Nervous Activity." Bull. Math. Biophys. 5: 115–133.

T・K・ミコロフ, K・チェン, G・コラード, J・ディーン　2013年　"Efficient Estimation of Word Representations in Vector Space." arXiv:1301.3781.

D・E・ラメルハート, G・E・ヒントン, R・J・ウィリアムズ　1986年a.　"Learning Internal Representations by Error Propagation." In D. E. Rumelhart, J. L. McClelland, and PDP Research Group, eds. Parallel Distributed Processing: Explorations in the Microstructure of Cognition, Vol. 1. MIT Press, pp. 318–362.

D・E・ラメルハート, J・L・マクレランド, PDP Research Group, eds.　1986年b. Parallel Distributed Processing: Explorations in the Microstructure of Cognition, Vol. 1: Foundations. MIT Press.

D・E・ラメルハート, J・L・マクレランド, PDP Research Group, eds.　1986年c. Parallel Distributed Processing: Explorations in the Microstructure of Cognition, Vol. 2: Psychological and Biological Models. MIT Press.

D・H・ヒューベル, T・N・ウィーセル　1962年　"Receptive Fields, Binocular Interaction and Functional Architecture in the Cat's Visual Cortex." J. Physiol. Lond. 160:106–154.

D・H・ヒューベル, T・N・ウィーセル　1965年　"Receptive Fields and Function Architecture in Two Nonstriate Visual Areas (18 and 19) of the Cat." J. Neurophysiol. 28: 229–289.

D・O・ヘッブ 1949年 The Organization of Behavior: A Neuropsychological Theory. John Wiley & Sons.

D・J・C・マッカイ 2003年 Information Theory, Inference, and Learning Algorithms. Cambridge University Press.

D・スタインクラウス, パトリス・シマード, I・バック 2005年 "Using GPUs for Machine Learning Algorithms." In Eighth International Conference on Document Analysis and Recognition (ICDAR'05). IEEE. https://doi.org/10.1109/ICDAR.2005.251.

B・ウィドロー, M・E・ホフ 1960年 Adaptive Switching Circuits (Technical Report No. 1553-1).Stanford Electronics Laboratories, Stanford University, Stanford, California.

B・レーガン, R・アドルフ, P・ワットマフ, G・Y・ウェイ, D・ブルックス 2017年 "Deep Learning for Computer Architects." Synth. Lect. Comput. Archit. 12: 1–123. https://doi.org/10.2200/S00783ED1V01Y201706CAC041.

P・M・チャーチランド 1996年 The Engine of Reason, the Seat of the Soul: A Philosophical Journey into the Brain. MIT Press.

P・ワーボス 1974年 "Beyond Regression: New Tools for Prediction and Analysis in the Behavioral Sciences." PhD diss., Harvard University.

福島邦彦 1980年 "Neocognitron: A self-organizing neural network model for a mechanism of pattern recognition unaffected by shift in position." Biol. Cybern. 36: 193–202.

R・D・リード, R・J・マークス二世 1999年 Neural Smithing: Supervised Learning in Feedforward Artificial Neural Networks. MIT Press.

Y・タイグマン, M・ヤング, M・ランザト, L・ウルフ 2014年 "DeepFace: Closing the Gap to Human-Level Performance in Face Verification." Presented at the Proceedings of the IEEE Conference on Computer Vision and Pattern Recognition, pp. 1701–1708.

Y・ルカン 1989年 Generalization and Network Design Strategies (Technical Report No. CRG-TR-89-4). University of Toronto Connectionist Research Group.

関連資料

ディープラーニングおよびニューラルネットワークに関する書籍

Charniak, Eugene. 2018. Introduction to Deep Learning. MIT Press.

Goodfellow, Ian, Yoshua Bengio, and Aaron Courville. 2016. Deep Learning. MIT Press.

Hagan, Martin T., Howard B. Demuth, Mark Hudson Beale, and Orlando De Jesús. 2014. Neural Network Design. 2nd ed.

Reagen, Brandon, Robert Adolf, Paul Whatmough, Gu-Yeon Wei, and David Brooks. 2017. "Deep Learning for Computer Architects." Synthesis Lectures on Computer Architecture 12 (4): 1 123

Sejnowski, Terrence J. 2018. The Deep Learning Revolution. MIT Press.

オンラインの文献

Nielsen, Michael A. 2015. Neural Networks and Deep Learning. Determination Press. http://neuralnetworksanddeeplearning.com で閲覧可能

Distill（ディープラーニングおよび機械学習に関する多数の記事を掲載しているオープンアクセスジャーナル）https://distill.pub で閲覧可能

総説論文

LeCun, Yann, Yoshua Bengio, and Geoffrey E. Hintron. 2015. "Deep Learning." Nature 521: 436-444.

Schmidhuber, Jürgen. 2015. "Deep Learning in Neural Networks: An Overview." Neural Networks 61: 85-117.

索　引

著者

ジョン・D・ケレハー /John D. Kelleher

ダブリン工科大学コンピュータサイエンス教授および同大学の情報コミュニケーション
エンターテインメント研究所のアカデミックリーダーを務める。人工知能，自然言語処
理および機械学習の分野において 20 年以上の研究経験と教歴を誇り，同分野で，こ
れまでに 100 を超える学術論文を発表。マサチューセッツ工科大学出版局からは，
『データサイエンス』（2018 年）および『Fundamentals of Machine Learning
for Predictive Data Analytics』（2015 年）の二つの著作を出版。ADAPT センター
（アイルランド科学財団が資金援助［助成金 13/RC/2106］）およびヨーロッパ地域開
発基金より助成を受けて研究に従事している。また，欧州連合の「ホライズン 2020」
研究イノベーションプログラム（助成金合意書 777107 号）を通じて資金が提供され
る PRECISE4Q プロジェクト (https://precise4q.eu) の支援も得ている。

監訳者

柴田千尋 / しばた・ちひろ

東京工科大学大学院バイオ情報メディア研究科コンピュータサイエンス専攻講師。
博士 (工学)。東京大学大学院工学系研究科博士課程修了。専門は，機械学習の理
論と応用。最近の研究テーマは，深層学習を用いた自然言語処理や画像認識など。

訳者

久島聡子 /くしま・さとこ

1995 年, 東京外国語大学外国語学部英米語学科卒業。2001 年よりアメリカ, カリフォ
ルニア州サンフランシスコのベイエリア在住。翻訳歴 17 年 (企業内を含む), ビジネス,
法務，金融，特許，IT，コンピューター，情報通信，環境を含む多岐にわたる分野
で翻訳実績がある。

DEEP LEARNING

JOHN D. KELLEHER

ディープラーニング

2020年2月15日発行

著者　ジョン・D・ケレハー
監訳者　柴田千尋
訳者　久島聡子
翻訳協力　株式会社 A プラス
発行者　株式会社 ニュートンプレス
〒112-0012　東京都文京区大塚 3-11-6

表紙カバーの画像と表紙の画像：ExpressVectors/stock.adobe.com